D0182568

VOLTAIRE
CANDIDE

Recent and forthcoming titles in the BCP French Texts Series:

Anouilh: Eurydice and *Médée*, E. Freeman
Apollinaire: Alcools, A. Pilkington
Balzac to Zola: 19th-Century Short Stories, R. Hobbs
Baudelaire: Les Fleurs du mal, G. Chesters
Beaumarchais: Le Barbier de Séville, M. Cook
Beaumarchais: Le Mariage de Figaro, M. Cook
Béroul: The Romance of Tristan, A. Ewert
Cardinal: Les Mots pour le dire, P. Powrie
Carrier: La guerre – Yes Sir!, G. Snaith
Chanson de Roland, T. Hemming
Cocteau: Orphée, E. Freeman
Dumas fils: La Dame aux Camélias, R. Clark
Laye: L'Enfant noir, J. Hutchinson
Marie de France: Lais, G. Burgess
Molière: L'École des femmes and *La Critique de l'École des femmes*,
 W. Howarth
Molière: Le Tartuffe, R. Parish
de Musset: Lorenzaccio, D. Connon
Prévost: Manon Lescaut, P. Byrne
Proust: Combray, L. Hodson
Racine: Andromaque, R. Cooper
Racine: Phèdre, R. Parish
Radiguet: Le Diable au corps, R. Griffiths
Ronsard: Selected Poems, C. Scollen-Jimack
Rostand: Cyrano de Bergerac, G. Woollen
Sartre: Le Mur, W. Redfern
Vinaver: Théâtre de Chambre, D. Bradby
Voltaire: Candide, H. Mason
Voltaire: Lettres philosophiques, F. Taylor
Voltaire: L'Ingénu and *Histoire de Jenni*, J. Brumfitt & M. Gerard Davis
Zola: Thérèse Raquin, B. Nelson

VOLTAIRE

CANDIDE

EDITED WITH INTRODUCTION,
NOTES AND BIBLIOGRAPHY
BY HAYDN MASON

PUBLISHED BY BRISTOL CLASSICAL PRESS
GENERAL EDITOR: JOHN H. BETTS
FRENCH TEXTS SERIES EDITOR: EDWARD FREEMAN

Cover illustration: 'Candide s'enfuit au plus vite dans un autre village', by Moreau le Jeune, 1785. From *Œuvres complètes de Voltaire* [Kehl], 1784-1789. (Courtesy of Voltaire Foundation, Oxford)

First published in 1995 by Bristol Classical Press
an imprint of
Gerald Duckworth & Co. Ltd
The Old Piano Factory
48 Hoxton Square, London N1 6PB

Reprinted 1996

© 1995 by Haydn Mason

All rights reserved. No part of this publication
may be reproduced, stored in a retrieval system, or
transmitted, in any form or by any means, electronic,
mechanical, photocopying, recording or otherwise,
without the prior permission of the publisher.

A catalogue record for this book is available
from the British Library

ISBN 1-85399-369-7

Available in USA and Canada from:
Focus Information Group
PO Box 369
Newburyport
MA 01950

Printed in Great Britain by
Booksprint

CONTENTS

Abbreviations iv

Preface v

Summary of Life of Voltaire vi

Introduction
 Voltaire before Candide vii
 Theme and Character xii
 Structure and Form xxii

Notes to Introduction xxxi

Bibliography xxxii

CANDIDE 1

Notes to *Candide* 87

ABBREVIATIONS

Mol.: Moland, L., *Oeuvres complètes* (Garnier, Paris, 1877-85, 52 vols.)

Studies on Voltaire: *Studies on Voltaire and the Eighteenth Century* (Voltaire Foundation, Oxford, 1955-)

References to Voltaire's letters will be to Besterman, T. (ed.), *Voltaire's Correspondence, The Complete Works of Voltaire*, 85-135 (Voltaire Foundation, Geneva and Banbury, 1968-75); they will be cited as D followed by the letter number.

PREFACE

Our knowledge and understanding of *Candide* have been greatly enhanced in recent years by the number of wide-ranging discussions of the *conte* that have appeared, as too have several editions, in which the classic work by René Pomeau for the *Complete Works* edition by the Voltaire Foundation takes pride of place. During these years, much new light has also been thrown on Voltaire's life and writings in general. Yet the last edition of *Candide* in English is now nearly thirty years old. The time seems overdue for a new edition of Voltaire's masterpiece, in which one can seek to take account of recent scholarship and to offer an interpretation of *Candide* in that light.

The present edition reproduces the final version published under Voltaire's supervision, the 'édition encadrée' of 1775. Apart from minor revisions of style, however, Voltaire made no changes to his *conte* after 1761. In that year appeared an augmented version of the original edition of 1759, with important additions to chapter XXII, as indicated in the Textual Notes (nn. 1, 9, 24).

Acknowledgements are above all due to the late O.R. Taylor, who produced a wartime edition of *Candide*, on which this one is based, for Blackwell's over fifty years ago. Considering the straitened circumstances under which he had to work, it is a remarkable achievement, much of which stands up as solidly today as it did then. In taking account of Professor Taylor's erudition and pertinent insights, I wish to pay grateful tribute to one who, at first my teacher, became later a colleague and friend.

I should also wish to thank most warmly Mr. E. Freeman for his careful reading of my text and for his invariably helpful comments.

SUMMARY OF LIFE OF VOLTAIRE

1694	Born, probably near Paris, as François-Marie Arouet.
1703-11	Pupil at Jesuit Collège de Louis-le-Grand, Paris.
1710	Leibniz, *Theodicy*.
1718	*Oedipe*, Voltaire's first play, staged at Comédie-Française with great success. Begins using the name Voltaire.
1723	His epic poem, *La Ligue* (from 1728 known as *La Henriade*) published; another great success.
1726	Arrives in London in May.
1728	Returns to France in November.
1733-4	Alexander Pope, *Essay on Man*.
1734	Voltaire's *Lettres philosophiques* published in France (having already appeared in English in London in 1733 as *Letters concerning the English Nation*) and immediately condemned by the Parlement de Paris, a warrant for the author's arrest being issued. He goes into hiding, eventually settling at Cirey, the home of his mistress, Madame du Châtelet.
1735	Is permitted to return to Paris, but continues to live mainly at Cirey.
1738	*Discours en vers sur l' homme* published.
1744	Beginning of love affair with his niece, Madame Denis.
1745	Appointed historiographer to Louis XV at Versailles.
1747	*Zadig* published (under the original title of *Memnon*).
1749	Madame du Châtelet dies suddenly (September).
1750	Goes to Berlin (June) to join the Court of Frederick the Great, King of Prussia, at the latter's invitation.
1753	After a series of quarrels with Frederick, leaves Berlin (March); eventually settles in Colmar.
1754	Learns that he is debarred by Louis XV from returning to Paris, and also that he cannot go back to Frederick's Prussia. Begins looking for a permanent home in the area of Geneva or Lausanne.
1755	Purchases Les Délices in Geneva (January), his main home for the next three years. Lisbon earthquake (1 November).
1756	*Poème sur le désastre de Lisbonne* published. Seven Years War begins (August).
1759	*Candide* published (January). Purchases château at Ferney (February), henceforth to be his home.
1767	*L'Ingénu* published; generally considered, with *Zadig*, to be the most important *conte* after *Candide*.
1774	Louis XV dies, succeeded by Louis XVI; it becomes clear that no formal order excluding Voltaire from Paris exists.
1778	Returns to Paris (February). Dies in Paris (30 May).

INTRODUCTION

VOLTAIRE, BEFORE *CANDIDE*

When *Candide* first appeared in early 1759, Voltaire was in his 65th year. After more than three decades of mixed fortunes, he had settled in Geneva in 1755. Soon he was engaged in planting, furnishing, building at his new home, Les Délices (which today houses the Voltaire Museum and Institute). In his own words, he had found 'un port après avoir essuyé tant d'orages' (D6842). Despite later alarums, there is a sense that a period of restless adventures has come to an end. Soon after *Candide*, Voltaire will settle definitively at Ferney, near Geneva, and from there he will devote the final years of his life to the crusade on behalf of justice and tolerance that has made him such a legendary figure of the Enlightenment. Some signs of that crusade appear in *Candide*, most notably perhaps in the anger that is expressed about the treatment accorded the black slave (in a section that, significantly, is a late addition to the *conte*); but all that is still largely in the future when *Candide* is being composed. One can therefore see the tale as a summation of Voltaire's views on the human condition, its follies, sufferings, wickednesses and contradictions – which may even, on rare and unexpected occasions, include initiatives of disinterested good. We may extend Flaubert's comment on the Pococurante episode (see below, p. xxiii) to embrace the whole work in saying that *Candide* is the condensation of a lifetime's experience.

Already a brilliant author of tragedy (*Oedipe*) and epic (*La Ligue* – soon to acquire its definitive title of *La Henriade*), Voltaire the *philosophe* came of age from the time of his stay in England (1726-8). He was well versed in radical literature before that time, and he had experienced in Holland in 1722 the advantages of a freer society than existed in France. But the time in England permitted a more extended acquaintance with a way of life that impressed him by the wide liberties, religious, political, social and philosophical, not enjoyed in his own country. Voltaire discovered Pope, Locke, Newton; all will remain important figures in his thinking. The *Lettres philosophiques* (1734) appeared first, quite remarkably, in English the previous year as *Letters concerning the English Nation*. Though in later years Voltaire became disillusioned with English politics (as the chapter about the execution of Admiral Byng indicates), he never lost his regard for a land that had not only produced a Newton but also had given the English scientist the unrestricted freedom of reflection that had led to the discovery of the laws of gravitation.

The 1730s see Voltaire increasingly immersed in philosophy and science. He is still writing tragedies and indeed will go on doing so to the end of his days, but alongside the classical dramatist who admires and emulates Racine and Corneille while scorning Shakespeare, emerges what we look upon today as the more modern side. Signs of the future *conteur* are already visible. Though they did not appear until much later, we now know that the brief tales *Le Crocheteur borgne* and *Cosi-Sancta* were composed as early as 1715[1], at about the same time as his verse tales *Le Cocuage* and *Le Cadenas*.[2] The same narrative facility can be seen in the *Lettres philosophiques*; Letter XI, for instance, could have been entitled 'Comment l'inoculation triompha en Angleterre'. So too for the *Discours en vers sur l'homme* (1738); the sixth of these poetical Epistles even includes a self-styled 'récit véritable'.

The first evidence of a major effort at a *conte* in its own right dates from 1739, when Voltaire sent Frederick of Prussia a story entitled 'Voyage du baron de Gangan'. This story, alas, subsequently disappeared from view, but we know enough about it from Frederick's reactions to recognise it as an early version of *Micromégas*, which was not published until the 1750s.[3] Using the device of the philosophic voyage, Voltaire incorporates his main preoccupations of that period: science, philosophy, metaphysics. It is reasonable to assume that with *Micromégas* (in the Gangan version) Voltaire entered upon the *conte philosophique* proper. The hero, using Newtonian principles, is able to descend upon the earth from his native star Sirius and to observe humanity, with its marvellous capacity for rationality – if only it will ever allow its faculty for reason to prevail and not indulge in sterile debates on metaphysical subjects such as the nature of the soul.

In *Micromégas*, the element of human suffering, although not totally absent, is muted. Such will not be the case when Voltaire comes to write *Zadig*, which first appeared (under its original title of *Memnon*) in 1747. Already in the *Discours en vers* we can discern a preoccupation with the mystery of evil and its existence on earth. We encounter in the first *Discours* a scarecrow figure, a 'cadavre vivant', who anticipates the syphilitic Pangloss, while in the fourth of the Epistles the character Brossoret, wealthy but totally bored, is even more clearly a forerunner of Pococurante. However, Voltaire balances these sombre manifestations with an insistence upon the cosmic context in which they must be placed if we are to get a just proportion of things. In the sixth *Discours*, for instance, an angel is on hand to provide a guided tour of the universe and to reveal the sublime greatness of Creation, with its numberless heavenly bodies in the depths of space.

The darker mood will be developed further in *Zadig*. Though subtitled *La Destinée*, the story is really about Providence, as Voltaire makes clear in a letter (D3784), and about personal happiness. Zadig possesses wealth, friends, good health, a handsome figure, a fine mind and a noble heart; so he believes he can be happy. But this hope is repeatedly dashed, as Zadig is

thwarted by the evil within human nature: envy, arrogance, jealousy, venality, deceit. The women are, if anything, worse still than the men and the courtiers in Babylon are vile, slanderous creatures. The *conte* reflects an accrued bitterness from the sterile years at Court in Versailles, and also the end of the happy relationship with Madame du Châtelet, which had been succeeded by a turbulent affair with Voltaire's niece Madame Denis.

At the moment of his greatest despair, Zadig encounters the hermit Jesrad, a venerable figure who carries with him 'le livre des destinées'. Zadig finds that he cannot understand a single word in the book, and the same incomprehension occurs when Jesrad begins performing strange acts, which attain their climax when he murders an innocent young boy. Zadig is horror-struck; but when he protests Jesrad, now transformed into an angel, tells him that it could not have been otherwise. Crimes and misfortunes are a necessary part of the world in which we live. Chance does not exist: 'tout est épreuve, ou punition, ou récompense, ou prévoyance' (Deloffre and Van den Heuvel eds., p. 114). Human life may appear tragic, but the universe is awesomely majestic, with its millions of worlds, each one different from the others, just as no two leaves on a tree are the same. Zadig is not, however, wholly persuaded. He utters a final 'Mais' – at which Jesrad flies off to the angelic spheres. His parting advice to Zadig is to take the road to Babylon and this proves an excellent counsel. In Babylon, Zadig at last finds the fulfilment and happiness that had formerly eluded him.

The ambiguity of this episode has been the subject of widely varying interpretations and it is not our purpose here to try to resolve them. What, with *Candide* in mind, must be noticed is the growing interest in providentialism. Is there a benevolent order in the universe, and if so, where does the human race fit into it? Quite clearly, the character of Jesrad owes much to doctrines of Optimism (the notion that all is well in the world) which were current at the time, and pre-eminently to Leibniz. In 1710 the German philosopher had produced his *Theodicy* which, as the title indicates, is an attempt to justify God's goodness in the face of suffering and evil in the world. Leibniz confronts the problem squarely: 'it must be confessed that there is evil in the world which God has made...'.[4] Why then is this so? As answer, he proposes the doctrine of 'sufficient reason'. Everything in the world must obey certain fundamental laws of coherence and logic. We cannot, for example, create a square which is at the same time a circle. Now, God Himself is also part and parcel of this systematic rationality; no more than His creatures can He perform acts of self-evident absurdity. But, being God and therefore infinitely good, He could not do otherwise than create the best possible world that was open to him, consistent with the laws of 'sufficient reason': 'if there were not the best among all possible worlds, God would not have produced any'.[5] However, Leibniz's reasoning starts out from a basic, unproven assumption: that all things must necessarily have come into

the world for some ultimate purpose. Given that proposition, Leibniz has to arrive at the conclusion that this is the 'best possible world', for patently God could not have produced for us a second-best.

A somewhat similar Optimist view comes from Alexander Pope, whom Voltaire had known in London and for whose *Essay on Man* (1733-4) he often expressed admiration. Pope had made his opinions trenchantly clear in the famous lines that close the first Canto:

> All Nature is but Art, unknown to thee;
> All Chance, Direction which thou canst not see;
> All Discord, Harmony not understood;
> All partial Evil, universal Good:
> And, spite of Pride, in erring's Reason's spite,
> One truth is clear, 'Whatever is, is RIGHT'.

Pope's vision is, however, less far-reaching that that of Leibniz. For the English poet evil is but a part, 'Harmony not understood' in a world where everything is 'Right'.

As *Zadig* shows, Voltaire is still tempted by a philosophy that seems to reconcile human freedom and the cosmic order of things, but the succeeding years only heighten the doubts. The death of Madame du Châtelet, still a close friend, in 1749, the bitter disillusionments at Frederick's court at Potsdam (1750-3) and the subsequent period of homelessness, when Voltaire finds himself exiled from Paris, all leave their mark. On top of all this comes the great earthquake at Lisbon in November 1755, in which countless thousands perished. For Voltaire, it serves as the clinching argument against Optimism, as his *Poème sur le désastre de Lisbonne*, written in the heat of his immediate reaction to the news, makes clear. A series of bewildered questions leads to the painful conclusion that suffering is our natural lot and evil a permanent feature of existence: 'Il le faut avouer, le *mal* est sur la terre' (Mol. IX, p. 474).

Optimism is therefore false to human reality. Furthermore, it is cruel in its complacency because it puts an unnaturally cheerful face upon that reality. By so doing, it condemns people to expect nothing better, since everything is already as good as it can be. Optimism runs counter to the whole mainspring of human nature, our desire to improve things, to work at what may be susceptible of reform, above all, to *hope*. 'L'homme est né pour l'action', Voltaire had announced in his *Remarques sur Pascal* (1734).[6] By contrast, Optimism is a placebo that destroys all initiative. Hence the validity of Voltaire's incisive paradox: 'L'optimisme est désespérant' (D6738).

Such is Voltaire's viewpoint on the problem of evil as he begins to address the composition of his greatest *conte*. Let us now consider a different, though related, question. Why did he turn to writing *contes philosophiques* from the 1730s on? There is no simple answer but one or two facts are clear. As early

as 1738, Voltaire announces that he is giving up poetry for more serious pursuits (D1526). This declaration was premature, since two major philosophical poems were yet to appear in the 1750s, but this statement and other similar ones at the time indicate that the *philosophe* is reflecting on the possibility of conveying ideas in a different medium. The complex opportunities offered by the *conte*, where he would not have to waste his energies on finding the right sounds and rhymes (ibid.), are becoming more appealing.

In *Zadig*, Voltaire makes an exemplary pronouncement on the genre. Attributed to a mock-censor and therefore couched in humorous terms, it is no less significant for that:

> Je soussigné, qui me suis fait passer pour savant, et même pour homme d'esprit, ai lu ce manuscrit, que j'ai trouvé, malgré moi, curieux, amusant, moral, philosophique, digne de plaire à ceux mêmes qui haïssent les romans.
>
> (Deloffre and Van den Heuvel eds., p. 55)

The reader, attention aroused ('curieux') and entertained ('amusant'), is led to the underlying truths of the *conte* ('moral', 'philosophique'). It is, besides, the antithesis of the novel, which Voltaire scorned as frivolous and unreal. Nor is he interested in the complex psychological analysis of that genre. Characters take on exemplary aspects: wisdom in Micromégas and Zadig, foolish pedantry in Pangloss, world-weariness in Pococurante. Since the general pattern of the plot is from ignorance or naïveté towards eventual understanding, travel and education, the one supporting the other, are basic motifs.

In all this, one character dominates: the narrator. 'Je est un conte', as one critic felicitously summed up Voltaire's tales.[7] The author is omnipresent, helping the reader to grasp the essential meaning of the events being recounted. The *conte philosophique* is the story of the human consciousness seeking to know the truth; it is a narrative monologue taking the form of a rational demonstration. That truth, when attained, will not be transcendental. Whatever the exact nature of the universe, and despite the mystery of universal suffering, the ending must lie in the direction of human enterprise. In keeping with the whole Enlightenment, of which he was the leader and chief spokesman, Voltaire might well have taken as his motto the verse of a 20th-century poet: 'Man be my metaphor'.[8]

THEME AND CHARACTER

Let us begin at the beginning. The title first. Nothing could be more clear-cut, it seems: *Candide ou l'optimisme*. Voltaire makes no attempt to define the work, as he had done with, for instance, *Micromégas: Histoire philosophique* or *Zadig...Histoire orientale*. Only the theme is announced: optimism. After that, the author refers to it explicitly only twice (and even then, in a very late addition to the original tale) when Candide, appalled at the treatment meted out to the black slave, cries out that he must finally renounce this philosophy of Pangloss. Cacambo enquires what optimism is, whereupon Candide trenchantly replies: 'c'est la rage de soutenir que tout est bien quand on est mal' (p. 47).

Tout est bien: these are the key words – an undifferentiated totality of good. Pangloss has made this clear as early as the fourth paragraph of the *conte*: 'tout étant fait pour une fin, tout est nécessairement pour la meilleure fin'. Indeed Pangloss does not stop at 'tout est bien', which he describes as a *sottise*: 'il fallait dire que tout est au mieux'(p. 2).

The examples he cites in defence of this are self-evidently ridiculous. Noses were made for hooking spectacles on, legs to wear breeches. But behind this farrago of nonsense, a fundamental point is being targeted: 'tout étant fait pour une fin...'; everything in the world was put there for a purpose. Nothing around us is present by accident or gratuitously. Voltaire is introducing us, via Pangloss, to the domain of Leibnizian Optimism.

Why does the author choose to make Leibniz the butt of his satire, rather than Pope? After all, the references in Voltaire's letters and writings of the time suggest that he had Pope more in mind than the German philosopher when reflecting on Optimism. In *Candide* itself, the references to Leibniz are, with one single exception (Ch. XXII, n. 22), unspecific. It seems unlikely that Voltaire had the *Theodicy* to hand when composing his *conte*.

Voltaire provides no explicit answer to this question, so one is obliged to speculate. The *philosophe* admired Pope, believing that his *Essay on Man* contained, along with the discouragingly fatalistic views on evil, high moral and spiritual qualities. In addition, Pope was an Englishman. Voltaire had long left behind uncritical admiration of the English way of life, and *Candide* attacks the savage injustice of Byng's execution. But it is also noticeable that Candide never sets foot in England. For all its follies, the land of Locke and Newton would have fitted uneasily into the ironic mode of *Candide*; so too with the English standard-bearer of Optimism. It was much more in line with his general approach for Voltaire to deride a German metaphysician than an English philosophic poet. Besides, he seems to have known Leibniz at this time only through the presentations of his work by his disciple Christian Wolff, under titles like *Logic*, *Cosmology* and *Natural Theology*, which lent themselves all too readily to the 'métaphysico-théologo-cosmolonigologie' that Pangloss professes.

What, then, is the setting for Pangloss and his teachings? We are introduced to his environment before we meet him: the château of Thunder-ten-tronckh. It is 'le plus beau des châteaux [...] possibles' (p. 1). But it is also, one might say, a castle in the air. The baron is 'un des plus puissants seigneurs de la Westphalie'. Where does that place him, in the hierarchy of European nobility? Not too exaltedly, it would seem. The château boasts, at least, of a door and windows, and even a tapestry. After that, one has to use a bit of imagination. So the dogs in the yard are deemed a hunting-pack, the peasants become huntsmen and the village curate the baron's grand chaplain. In short, all is make-believe: a down-at-heel country squire playing at feudal pomp.

So the setting is perfectly suited to the one-eyed view of reality professed by Pangloss. He and the baron feed each other's delusions very comfortably, in mutual bad faith. At first it appears that the falsehoods are benevolent and that no harm will come of them. The truth proves quickly otherwise, for the situation is already flawed. There is a cuckoo in the nest: Candide. He belongs nowhere precisely, being the product of an illegitimate mismatch. For the moment, however, provided he remains docile, he is accepted patronisingly: 'on le nommait *Candide*'.

Reality will out: in this instance the reality of sexual desire. Pangloss is a false oracle on metaphysics, but when it comes to giving 'une leçon de physique expérimentale' he is true to nature. Cunégonde is of an age to benefit from observing this particular lesson; alas! her choice of Candide as partner is unacceptable, for Candide is, socially speaking, beyond the pale. The burgeoning romance, all fumbling sensibility, receives a summary judgment: a brusque and humiliating exile forever from the château. As against the masquerade of feudal aristocracy and philosophical jargon, sex swiftly demystifies this best of all possible worlds.

Candide, then, begins with a false start. The naïve hero will, however, take a long time to realise that the manner of his expulsion from Westphalia can tell him more about the place than the account of it originally given by Pangloss.

Yet if the story were only an attack on Leibnizian Optimism we should hardly still be reading it two hundred years later. In 1995 the world is little exercised by an attempted justification of evil now nearly 300 years old. If *Candide* still speaks to us today, it must have a wider resonance than this.

If it does, that must surely be because Optimism is merely the key in the lock, opening onto the essential meaning of human existence. Is life worth the trouble of living it? *Candide*, in this respect, anticipates Albert Camus' view, in *Le Mythe de Sisyphe* (1942), that the 'seul problème philosophique vraiment sérieux' is that of suicide.[9] The characters in *Candide* undergo the gamut of horrors and atrocities. Pangloss loses an eye and an ear from syphilis, comes within an ace of death when he is hanged, has his body surgically cut open from shoulder to navel. Candide is the victim of numerous

betrayals, among them by the brutal sailor in Lisbon and by Vanderdendur, while the Inquisitors beat him unmercifully. La Vieille is bereft of her fiancé on her wedding day, is sold into slavery, loses a buttock. Candide and Martin watch a hundred men remorselessly die by drowning when their ship is sunk. And so on. The demonstration is unceasingly made, that evil is a constant part of life and no one can gainsay it. Far from recounting wild fantasies, Voltaire is merely drawing upon real happenings in the contemporary world. Faced with this unremitting illustration of the reality of evil, the reader is obliged to conclude that its existence cannot be palliated nor its mystery explained.

Yet if that were all there is to it, *Candide* would, in this regard also, be unremarkable. Indeed, Voltaire had already trodden this path, in his *Poème sur le désastre de Lisbonne* which, as we have seen, is a brooding reflection on the irredeemable sadness of the human condition.

Candide is composed in a totally different mood from that of the *Poème*. In this *conte* characters do not have the leisure to bemoan their fates at length. They are constantly being swept along by the imperious flow of events. La Vieille recounts how, as a ravishing young bride, she was destined for married bliss with the most handsome and adoring of princes, when a jealous mistress poisons him, and in two hours he has expired and all her hopes with him. Her reaction is, however, nonchalant: 'Mais ce n'est qu'une bagatelle' (p. 22). Candide indulges his unhappiness at having killed Cunégonde's brother in an outburst of high rhetoric ('A quoi me servira de prolonger mes misérables jours...'), but his pathos is brutally undercut – and unconsciously by Candide himself: 'En parlant ainsi, il ne laissa pas de manger'(p. 35). This is not a book about personal anguish. Life is a knockabout affair, made up of endless pitfalls and disagreeable surprises. In the circumstances, there is only one thing to do: you pick yourself up and carry on. Ordinary life continues regardless; the human body takes care of itself, in instinctive self-defence.

Life, in short, is full of contrariness, incoherence, irrationality, and Optimism can make no sense of it. But Optimism is just one philosophical system among many; all such attempts at explanation are doomed to failure. No rational construct can satisfactorily take account of events or of human beings. Both are ultimately unknowable. One cannot, for instance, proceed on the basis that human conduct always tends toward evil. Universal pessimism may come somewhat closer to reality than Optimism, but in the end it is no more reliable as a consistent guide. Human nature is certainly self-interested, cruel, greedy most of the time. Putting one's trust in someone else may well incur disastrous results. Candide in Paris, for example, is promised sight of Cunégonde, and on the strength of this he lavishes gold and diamonds upon the figure whom he has been led to believe to be his beloved. The upshot is all too predictable. Well – would you expect anything else?

It looks like a similar story when Cacambo leaves Candide in the New

World to go off and find Cunégonde, taking with him millions of diamonds that they had brought out of Eldorado. Surely this is an equally foolish act on Candide's part? When he arrives in Venice, their agreed rendezvous, there is no sign of Cacambo. Our hero 'tomba dans une mélancolie noire', which is only reinforced by Martin's scornful response that Candide is 'bien simple'(p. 65) to expect ever to see Cacambo again. This reaction is entirely in keeping with Martin's belief, as a Manichean, that God has abandoned our world 'à quelque être malfaisant'(p. 51). Everywhere he has found families and towns bent on the destruction of other families and towns, the weak execrating the powerful, the powerful treating the weak like animals. It is a strong indictment and besides it corresponds to a good deal of Martin's lived experience. But it is not the whole truth. Contrary to all expectations, Cacambo actually does turn up in Venice; and all that Martin can offer in response is to look on with 'sang-froid'(p. 73). If you count upon human beings to act only according to their worst instincts that too will let you down, just as an idealistic confidence in human nature will.

If, then, Voltaire attacks philosophical systems so comprehensively, it is perhaps rather unwise to define *Candide* as a *conte philosophique*. As we have already noted, there is no indication of it on the title page. The tale is not 'philosophical' in any profound sense. Two of the main characters are described as philosophers: 'le philosophe Pangloss, le philosophe Martin' (p. 83). Neither is to be trusted as the fountain-head of truth. In the final chapter another philosopher appears: the dervish, who is reputed to be the best philosopher in Turkey. His creed, at least where metaphysics is concerned, is brutally sceptical: 'Qu'importe [...] qu'il y ait du mal ou du bien?'(p. 85). When Pangloss expresses a desire to undertake a discussion about causes and effects, the soul and pre-established harmony (a fundamental element of Leibnizianism), the exasperated dervish slams the door in his face. Nothing useful whatsoever can come from asking such questions.

Significantly, Voltaire never stages a philosophical debate, even though he tells us that Candide, the young baron, Pangloss, Martin and Cacambo did discuss together topics of that kind on their voyage to Turkey. (This is in complete contrast to La Vieille's story of her life, recounted at length during the journey across the Atlantic.) It would not help us to know how the argument went, for such a debate is without any value. In the early chapters Candide is naïve enough to parrot the declaration by Pangloss : 'Il n'y a point d'effet sans cause' (p. 6). His interlocutor, a Dutch Protestant minister unimpressed with this jargon, wants more pertinently to hear whether Candide thinks that the Pope is the Anti-Christ; and when Candide professes ignorance on this vital question, the contents of a chamber pot are poured over him. A greater disaster befalls Pangloss when he tries to reconcile liberty with absolute necessity; he is hanged for it. Philosophising, clearly, is either useless or positively harmful.

Life, being irreducible to rationality, can only be lived. Since one is constantly threatened on all sides by villainy, living can be a highly risky business, and yet that is what one must do, for there is no alternative open to the human race. Nowhere does this emerge more evidently than in La Vieille's story. Of all the major characters in *Candide*, no one has undergone more humiliation and suffering. She has been the victim of countless rapes, barely survived wholesale massacres, enslaved to one odious master after another and exposed to the surgical atrocity (which almost kills her) of losing a buttock in order to feed the starving janissaries. It is a tale of endless horror. Not surprisingly, she has wanted a hundred times to kill herself; but there was a catch: "j'aimais encore la vie". However, there is nothing to rejoice at in all this; the cloud has no silver lining:

> Cette faiblesse est peut-être un de nos penchants les plus funestes; car y a-t-il rien de plus sot que de vouloir porter continuellement un fardeau qu'on veut toujours jeter par terre; d'avoir son être en horreur, et de tenir à son être; enfin de caresser le serpent qui nous dévore, jusqu'à ce qu'il nous ait mangé le coeur? (p. 27)

Suicide is not normally a practical option. La Vieille has, in all her wretched existence, known only twelve people who had put an end to their days, and apart from the three blacks, these are all pure eccentrics. For all except total slaves, the lesson is clear: survive.

Candide, then, arouses in us a paradoxical reaction. One cannot doubt the existence of evil in the world, but the conclusions to be drawn are not tragic ones. The world, as seen in Voltaire's tale, is brutal in so many of its manifestations, but it is also a source of high comedy. The *conte*, a satire of folly, is at the same time a celebration of the life-force that pulsates through human beings regardless. By all rational accounts Pangloss should be dead from the hanging inflicted on him in Portugal. In fact he should have been burned alive, for such, says Voltaire, was the normal custom; it was just that the heavy rains had put out the fire which had roasted the previous victims. So the Inquisitors had run into difficulties; their executioner, an expert in the art of burning people ('brûlait à la vérité les gens à merveille' [p. 80]) was not a hanging specialist. Consequently, 'mal pendu', Pangloss survives just enough to cry out for his life as the surgeon begins to cut him open. Like La Vieille's buttock, here is one more absurdity of the human condition. Living is so often a black joke, beyond the reach of conventional expectations or moral dictates.

How does our hero cope with this essential predicament? Candide is usually seen as a naïve young man who, by the end, has learned a few modest truths. While this is broadly the case, there is more to be said about him than that. Once Candide is kicked out of Westphalia he quickly begins to acquire

useful experience. Although he is tricked into the Bulgar army, he learns the elements of military craft from this vicissitude. Such is his aptitude that his comrades look upon him as a 'prodige'(p. 4). That skill will be demonstrated when he shoots the monkeys who, as he sees it, are harassing the Oreillons ladies. Voltaire pays extravagant tribute to Candide's markmanship; having learned from the Bulgares how to shoot, 'il aurait abattu une noisette dans un buisson sans toucher aux feuilles'(p. 35). He is similarly adept at swordsmanship, putting paid to both of Cunégonde's lovers and subsequently the young baron without error or hesitation. Here is no clumsy clod, but rather a young man well capable of looking after himself, at least where arms are concerned.

When, however, he is not having to save his own skin, Candide occasionally shows a ready concern for others. He immediately sets about caring for Pangloss when his former tutor reappears in Holland: 'Aussitôt Candide le mène dans l'étable de l'anabaptiste, où il lui fit manger un peu de pain'(p. 7: my underlining). Indeed, he acts so positively on behalf of Pangloss with Jacques that the latter immediately comes to his aid. But for the intervention of Pangloss, Candide would also have tried to save Jacques from drowning in Lisbon.

Yet his naïveté will long remain. After Eldorado, though now convinced that everywhere else in the world there are 'infortunés' (p. 65), he still clings to the assumption, acquired from Pangloss, that the world has been created for some purpose, as emerges from the questions that he puts to Martin (p. 53), and he still believes in freewill (p. 54). A little later in the tale Candide goes some way to exchanging the tutelage of Pangloss for that of Martin. Appalled at the shooting of Admiral Byng, he cries out: 'quel démon exerce partout son empire?'(p. 63). The bewilderment is entirely Candide's, but the sentiment is Martin's. Candide is as yet far from liberating himself of the teleological fallacy.

He also fails to appreciate the terrible emptiness of Pococurante's life, thinking him 'le plus heureux de tous les hommes'(p. 72). When Martin bluntly reveals the truth about Pococurante to him, Candide falls back upon his one rock-like certainty: 'il n'y a [...] d'heureux que moi, quand je reverrai Mlle Cunégonde' (p. 73). Only when the reunion with his beloved has taken place and he is 'saisi d'horreur' at her ugliness can he begin to learn true knowledge of the world and with it self-knowledge. The dervish will deal brusquely with his wondering statement that 'il y a horriblement de mal sur la terre'(p. 85), banishing forever thereby any metaphysical speculation from his thoughts. On a practical level, the Turkish farmer will then show him what human beings can achieve. Candide comes to recognise that this man's humble existence is far better than that of the six kings encountered in Venice. Hierarchy and authority are demystified at last. People are valued for what they can usefully contribute. The famous final words of the *conte* belong, quite properly, to Candide.

'Cultivating one's garden' is therefore the only good to which human beings can realistically aspire. Such an activity is severely limited in its scope and highly vulnerable to incursions from aggressors as well as to natural catastrophes. It will do nothing to resolve the mystery of evil. If, to quote the dervish, 'Sa Hautesse envoie un vaisseau en Egypte'(p. 85), not a thought is given to the welfare of the mice on board. Nor can we ever know why the boat is being sent to Egypt. Yet, amidst so much that is enigmatic and horrible in the world, *Candide* indicates some useful pointers as to how we should act.

Jacques provides one such model. Unlike the other people encountered by Candide in Holland, he does not enquire about the hero's religious beliefs. Instead, he reacts spontaneously to Candide as a brother and responds at once to his urgent needs. He will do the same for Pangloss and he will die in the attempt to save the rascally sailor. But Jacques is no plaster saint. A hard-headed businessman, he finds work for both Candide and Pangloss, and in consequence for the space of two months both enjoy a useful and contented existence. His personal rogues' gallery includes not only warmongers but also bankrupts who defraud honest merchants. Jacques is himself, however, too good to survive long. He dies through a characteristically altruistic action; attacked by the sailor when he tries to impose some order during the earthquake, he makes the fatal error of trying to rescue the latter from drowning. But still, the spirit of Jacques will remain, to set against all the scoundrels and fools that Candide has yet to meet.

Nor is Jacques the only positive example. Cacambo shows by his own conduct how it is possible to survive on a practical level and also be a decent man. He takes to Candide, for the simple reason that his master is 'un fort bon homme'(p. 30), but he also enjoys ironic amusement at observing the vagaries of human behaviour. It is he who spells out with delight ('Cela me ravit': p. 30) the ridiculous situation that the Jesuits in Paraguay make war on the kings of Portugal and Spain, whereas in these latter countries they are the confessors of those selfsame kings. He is a free spirit who has roamed the world in a variety of professions, a forerunner of Beaumarchais' Figaro, and like Figaro he displays a sharp-witted pragmatism. It is Cacambo who keeps a wary eye on their horses in Paraguay in case of a surprise attack, even when things are going well – which is most fortunate when the quarrel with the baron breaks out and he and Candide need urgently to escape. It is Cacambo who has to tell Candide that the latter, in shooting the monkeys, has killed the Oreillons girls' lovers. Yet, as we have seen, he remains utterly faithful to Candide in honouring the rendezvous in Venice, despite the privations that he has evidently suffered as a slave, which have left their mark on his face, 'couleur de suie'(p.73). Cacambo demonstrates how it is possible to mock the world's absurdities without having either to exploit them cynically or fall into despair.

Where then, in this respect, should one place Eldorado? It is often claimed

that Eldorado is a totally unreal land; and there are serious grounds for arguing so. Eldorado is, literally, out of this world. It is inaccessible except by accident and impossible to leave except by means of a highly sophisticated machine. The ground is littered with gold and precious stones, which are, however, despised by the natives as irrelevant. Everything is brilliant, exquisite, elegant; men and women are 'd'une beauté singulière'(p. 39). The travellers are right to assert that 'toute la nature est d'une espèce si différente de la nôtre'(p. 41). Since no one commits crimes, there is no need for prisons or law-courts; war is unheard of. Physical disasters like earthquakes and syphilis do not occur. Surely, then, this is the place where any rational person would want to spend the rest of his life?

Alas! not so. For the human race is simply not equipped to live in Eldorado. We are by nature restless: 'on aime tant à courir, à se faire valoir chez les siens, à faire parade de ce qu'on a vu dans ses voyages'(p. 44). Human beings need to be active, in pursuit of goals. But here, all goals have long since been achieved. The Eldoradans exist in a world of timeless bliss and after a month this has become intolerable to Candide and Cacambo. However beautiful the local women, only Cunégonde matters; the quest for her must be resumed. In addition, the pair will be rich beyond the dreams of avarice. So, in Voltaire's eloquent paradox, 'les deux heureux résolurent de ne plus l'être'(p. 44). For mankind, this Utopia would be Hell. We are incapable of living in a land organised according to the best Optimist principles.

So it matters little that the form of Eldoradan government is never made clear, apart from its being some sort of monarchy. Nor does one need to be concerned that Eldoradans long ago agreed to renounce their freedom to leave their kingdom, since moral choices do not appear to enter into the thinking of these people. Everything is a norm; there is no deviancy. This is truly a strange land, where one worships God all night (when do they sleep?) and the heads of every family meet together with the king to sing hymns of thanksgiving each morning (even though at least some of them live at four hours' distance from the capital). All these details only reinforce the impression that Eldorado is irrelevant to human living as we know it.

But one can go too far in insisting upon the unreality of Eldorado. Although the country is inaccessible to us, we can still learn from the values by which its inhabitants live. There is much, indeed, that we can try to imitate. Here, for example, exist no quarrelsome priests, for there is no separate class of clergy:'nous sommes tous prêtres'(p. 42). The Eldoradan religion, wholly devoid of dogma, consists solely of praising and thanking God for the bounties the inhabitants receive. Their tolerant, pacific way of life has permitted them to create towns full of fine buildings and fountains, a prodigious 'palais des sciences', State-run inns where one is put up free of charge. They dress in splendid clothes, enjoy exquisite food and drink. All

these goals are feasible, even if one will always fall short of Eldoradan perfection. The picture of Eldorado is a compound of the real and the unreal, which one may neatly sum up in two details: the natives speak the unheard-of Peruvian tongue, but their currency is solidly pounds sterling, just as in the English colonies of North America at that time.

Eldorado will also have profound consequences for the rest of the tale. Not only is it the definitive refutation of the claim by Pangloss that everything was for the best in Westphalia. The money and jewels that Candide and Cacambo take with them out of the country allow Candide to direct his own course towards finding Cunégonde again, instead of being, as formerly, the world's football. He is not any the happier but he is decidedly more comfortable. More valuable than the riches (for they will all have disappeared by the end of the story) Candide carries with him the King of Eldorado's farewell advice:'quand on est passablement quelque part, il faut y rester'(p. 44), but this homily will acquire relevance only when Cunégonde has been rediscovered. Even then, they are still beset by one enemy: boredom. La Vieille wonders whether 'de rester ici à ne rien faire' is not worse than all the atrocities she has suffered, and Candide agrees that it is 'une grande question'(p. 84). He will require the dual lesson of the dervish and the old Turk before he can come to recognise that he is at last 'passablement quelque part' and that, in order to cultivate his garden, he must give up futile wanderings, both physical and intellectual.

Work, in short, is the only panacea: 'le travail éloigne de nous trois grands maux; l'ennui, le vice et le besoin'(p. 85). It alone offers some remedy to the human predicament. Sexual desire, which in principle might be seen as a source of joy, is demystified, above all of course through Candide, but not by any means exclusively through him. Most of the time in the *conte* sex is devoid of tenderness and carries with it the horrors of venereal disease. At no point does it lead to the birth of children. Often it is reduced to rape or prostitution. All three main female characters have experienced the miseries of sexual subjection, poignantly summed up by Paquette:

> Ah! monsieur, si vous pouviez vous imaginer ce que c'est que d'être obligée de caresser indifféremment un vieux marchand, un avocat, un moine, un gondolier, un abbé; d'être exposée à toutes les insultes, à toutes les avanies; d'être souvent réduite à emprunter une jupe pour aller se la faire lever par un homme dégoûtant [..] et de n'avoir en perspective qu'une vieillesse affreuse, un hôpital et un fumier, vous concluriez que je suis une des plus malheureuses créatures du monde. (pp. 66-7)

Apart from Candide's naïve passion, the only occasion of true sexual affection is between the Oreillons girls and the monkeys: an ironic comment on the

attraction between the sexes that generally in *Candide* leads to degradation.

If sex is no comfort, what of cultural pleasure? Such pleasure is quite foreign to Candide, almost constantly on the run in the period before Eldorado. The latter country shows what can be done to enhance the intellectual life, though more where the sciences are concerned than the arts. By contrast, our world seems interested rather in useless pedantry, like the Academicians of Bordeaux or the carping theatre critics in Paris, both of whom make their appearance in Chapter XXII, the longest in the book, which Voltaire devotes to a fiercely satirical account of French, and more especially Parisian, society. Nor is there any sense of enjoyment at the carnival in Venice; on the contrary, the carnival theme chimes in well with the farce of the ex-kings. More disturbing still, also in Venice, is the situation of Pococurante. This rich nobleman has purchased whatever cultural amenities he has ever wanted and it has availed him nothing. He owns many paintings (including two by Raphael), 'mais je ne les regarde plus'(p. 69). After a half-hour the music bores him, as it bores everyone else, he claims, 'quoique personne n'ose l'avouer'(p. 69). Opera is vulgar, and most of his books are tiresome. His views on the futility of scientific journals confirm the earlier scepticism shown by the narrator about the Bordeaux Academy. Just as people are unwilling to admit that musical concerts are boring, so too they feel the need to keep a copy of Homer in their libraries, though the honest ones will confess that the Greek poet is utterly wearisome.

One does not have to equate this stance of Pococurante with Voltaire's – even though the *philosophe* allowed in a letter to his friend Thieriot (D 8168) that he had something in common with the Venetian (who is, like Voltaire, in his sixties). But it is evident that culture, even when allied to money, will not automatically buy happiness. Besides, there is a conspiracy of silence about the inevitable joys to be derived from culture that needs exploding. In the perspective of the final chapter, it is notable that the one project which still holds some interest, however feeble, for Pococurante is gardening. Culture and leisure cannot of themselves achieve salvation. Only work offers any valid answer.

One must, however, beware of reading this conclusion as a conventionally happy ending. Flaubert praised it appositely in referring to the 'conclusion tranquille' as 'bête comme la vie'.[10] Its very banality, a total anti-climax, is in keeping with the whole tenor of the tale. One simply survives, and in doing so one may perhaps try to achieve something useful. This view relates to a dual outlook in *Candide*, well summed up by John Weightman: 'the horror of evil and an instinctive zest for life are almost equally matched and it is the contrast between them [...] which produces the unique tragi-comic vibration'.[11] Jean Starobinski, though drawing his conclusions from *L'Ingénu*, similarly discerns a duality in Voltaire's view of the world: 'Il n'y a pas de bien sans mal, ni de mal sans bien, et cela dans des proportions inégales [...].

Dans le rythme binaire de ce monde qui cloche et où la parfaite cohérence est à jamais impossible [...] l'ironie philosophique constate que l'un ne va jamais sans l'autre'.[12]

STRUCTURE and FORM

The structure of the *conte* is in keeping with this vision. Things happen without cosmic rhyme or reason, generally because human beings are bad, or mad, or both. The story is itself an accumulation of stories, piling up dreadful doings and ridiculous nonsense inconsequentially. The well-nigh interminable chains of reasoning that are part of the Panglossian discourse are a kind of *mise en abyme* of the tale itself. These rise to a tremendous climax in the final chapter. Candide has at last seen the light, in recognising how much more worthwhile is the life of the Turkish farmer than those of the six kings in Venice. Pangloss joins in enthusiastically: 'Les grandeurs', he says, 'sont fort dangereuses'(p. 86); and to prove it he cites no fewer than thirty-four instances of kings who have come to a bad end. The historical knowledge displayed here commands admiration, ranging as it does from the Old Testament, the ancient Mediterranean world and Rome right up to English and French monarchs of the preceding centuries. It is a dazzling array of erudition – but of no practical use whatsoever. Coming from the lips of Pangloss, it serves to provide an appropriate culmination to the nonsensical procession of events which we have witnessed throughout the whole story. Only one answer of any validity can be made to this harangue and Candide makes it: 'Je sais aussi [...] qu'il faut cultiver notre jardin'.

The development of the plot is based upon a journey – but a journey that is going nowhere. The characters are forever moving on (as we saw, even Eldorado cannot retain them), but only to new forms of evil and stupidity. There is, it is true, a geographical shape to the plot; the Old World proves to be a series of disasters, the New World turns out as bad, and the Old World once more, now with the riches and insight of Eldorado, provides a different but equally discouraging spectacle. But in terms of any real meaning this has no effect.

The quest motif is parodied from start to finish. Cunégonde, its goal, is already, when rediscovered for the first time in Portugal, a ruthless survivor rather than the blushing maiden of Westphalia; this anti-theme is fulfilled in Turkey as Candide is 'saisi d'horreur' at the awful reality of 'sa belle Cunégonde rembrunie'(p. 82). The effect of the episodic structure is to demonstrate the various woes that attend the human condition: the obscenity of war, or of venereal disease, or of slavery; persecutions, religious and otherwise; the lot of women as victims; rank and snobbery; money lust; the façade of Parisian and Venetian society; boredom. The action is endlessly

striking off in unexpected directions: 'Candide, chassé du paradis terrestre, marcha longtemps <u>sans savoir où</u> [...]'(p. 3; my underlining). Coincidence becomes a banal occurrence. Candide encounters Pangloss and then Cunégonde; Pangloss will find himself 'enchaîné précisément dans la même galère et au même banc que M le baron' (p. 81). Pangloss tries to argue that it is "l'enchaînement des événements" that has produced this result. The underlying irony that their being on the same row of the dreadful galleys owes something to the doctrine of Optimism does not receive, or need, any comment from Voltaire; the ironic play upon the word 'enchaînement' is sufficient.

The happenings on this journey are for the most part based on actual reality. Even when, for instance, Martin cites the well-nigh incredible figure of a million soldiers under arms in Europe, practising brigandage and murder 'avec discipline, pour gagner son pain'(p. 51). R.Pomeau advises (ed.cit., p. 202, n. 3) that this figure is likely to be close to the historical truth. The heightened style of *Candide* is less due to the actual nature of the happenings than to the effect of acceleration. Events are raced through for the most part at breakneck speed. The entire tale, embracing a whole physical and philosophical world, runs to under 15,000 words; the chapter XXIII on Byng, for instance, one of the most memorable, is complete in fewer than five hundred. The extraordinary compression of the narrative is therefore a key factor. In addition, although these events may have happened, an element of fantasy enters into the way they are recounted.

Historical time is treated in the most cavalier manner if the plot requires it. While the six kings whom Candide meets in Venice all actually existed, they could never have been together at one and the same time. The first of them, Achmet III, died in 1736, four years before the second, Ivan VI, was born. Nor was the fifth king (of Poland) likely to be socialising with the fourth, whom he had driven off the throne! But the inaccurate historical account makes for dramatic truth, as Voltaire establishes a panorama of false monarchs, carnival figures at the Venice carnival: a deconstruction of political power, hollow as a stage crown.

Let us look briefly at the Pococurante episode. Flaubert, a great admirer of *Candide*, considered this chapter to be the best in the whole tale because, he argued, in it 'Voltaire exprime encore son opinion personnelle sur à peu près tout', adding that these pages 'étaient la condensation de soixante volumes écrits et d'un demi-siècle d'efforts.'[13] Flaubert's opinion here is eminently pertinent. To start with, the range of topics covered is remarkably wide: painting, music (including opera), Greek and Latin writers, scientific treatises, English literature (and Milton in particular), gardening, society women, sex. However, this chapter is a good deal more than a simple inventory of literary and social behaviour. It is the portrait of an alter ego, an intelligent man who has outlived himself and suffered the terrible fate of

world-weariness and the temptation to despair. In well under two hundred lines Voltaire conveys a whole mental universe, in which boredom is highlighted as perhaps the most difficult of all the challenges that Candide has to overcome.

Within this tale of extravagant doings, space and time are handled in an equally cavalier fashion. Places are no more than minimally limned in. Only Eldorado, once again exceptionally, is accorded any detailed description of its streets and buildings. By contrast, in the long chapter on Paris the French capital is represented above all in terms of its inhabitants and their unsociable or even rascally ways: incompetent doctors who steal from Candide and, through their treatment of him, nearly precipitate his death; back-biting hack writers; a theatre founded on false values; cheats at cards, justice and sex; mortally boring suppers; endless quarrels between factions; assassinations, attempted and real, of the king. Candide's introduction to the capital offers the briefest of references to its physical (and unhygienic) state, which is merely the backcloth for all the unsavoury goings-on that are about to occur. What is true of Paris is also the case elsewhere. Holland becomes reductively the place of chilly Protestant zeal (Jacques apart). Lisbon is the earthquake, a dinner and the Inquisition. Venice, after Paris the most closely observed city, is a triptych: the private misery and public happiness of Paquette and Giroflée; Pococurante; the six kings. The great carnival there is only the symbolic setting for the true carnival acted out by the six kings.[14]

The same is true of time. A fair amount of chronological detail is provided in the tale, but it will serve little purpose for anyone wishing to work out a realistic scheme of the narrative in this respect. Some critics have pointed out the inconsistency of Candide's going from the fine weather permitting outdoor dalliance in chapter I to the snow of chapter II. If one wants to be strictly literal-minded there is no essential inconsistency, were one to imagine Westphalia in, say, early spring.

More significant, surely, is the symbolic climate. The sun, retrospectively at least for a large part of the *conte*, seems always to have been shining at the château of Thunder-ten-tronckh; by contrast Candide, 'chassé du paradis terrestre' (p. 3), has entered a domain of psychological winter. In any event, it is 'un beau jour de printemps'(p. 4) when he decides to desert the Bulgare army. Caught and punished, he takes three weeks to heal, just in time for the war against the Abares. A refugee from that war, he reaches Holland soon afterwards (one must presume, since he has only 'quelques petites provisions' [p. 6] which have run out by the time he arrives), and then spends two months there before leaving for Lisbon. Earthquake, arrest, auto-da-fé and the rediscovery of Cunégonde take collectively less than a fortnight. In total, no more than six months have passed since Westphalia.

What about the interval, so far as Cunégonde is concerned? After the destruction of the château (which of course does not happen until some time

after Candide's departure) she spends three months with the Bulgare captain (ch. VIII) and at least six months in Lisbon (ibid.) before the reconciliation with Candide. The chronologies of the two lovers simply will not fit together.

But who would want them to? Time as a mechanical counter of passing events does not exist in *Candide*. None of the major characters changes irremediably until, with brutal suddenness near the end, we learn of Cunégonde's catastrophical alteration. There is no fatal destiny, in a world where anything may happen at any time. Cunégonde, Pangloss, the young baron, all seemingly dead, revive. Bodily impairment has no impact upon the plot and is speedily forgotten. Nothing in the subsequent narrative reminds one that Pangloss has lost an eye and an ear (ch. IV), and the awful dissection which he undergoes at the surgeon's hands (ch. XXVIII) has similarly had no effect upon his vitality (or, indeed, virility). Cunégonde's privations while a prisoner of the Bulgares have left her beauty quite untouched in Lisbon. Candide runs the *bastonnade* twice through a whole regiment, receiving 'quatre mille coups de baguettes qui, depuis la nuque du cou jusqu'au cul, lui découvrirent les muscles et les nerfs'(p. 4); but in a space of three weeks he has been cured. His beating by the Inquisition leaves him 'épouvanté, interdit, éperdu, tout sanglant, tout palpitant'(p. 13); only two days later, thanks to La Vieille's ointment, he can walk a quarter of a mile – and once he has found Cunégonde again his complete recovery is assured.

With La Vieille, Voltaire goes a stage further. She has lost a buttock to her ruthless captors and, exceptionally, Voltaire obliges us to keep this in mind for a while. She flees on horseback to Cadiz with Candide and Cunégonde, 'quoique je ne puisse me tenir que sur une fesse'(p. 20). She repeats this stoical statement (and virtually unbelievable action) when she cannot even enjoy the luxury of a horse to herself and has to ride behind Cunégonde. Thereafter the grotesque injury has served its purpose and no more is heard of it, except when she threatens to show her 'derrière' to Cunégonde in order to remind the latter how much she has suffered. This contrast with real disfigurements occurring to real people is symbolically summed up when Candide, delighted to find Cunégonde again in Lisbon, asks her:'On ne vous a donc pas violée? on ne vous a point fendu le ventre [...]?'. To which she replies:'Si fait [...] mais on ne meurt pas toujours de ces deux accidents'(p. 15). As has often been remarked, the characters in *Candide* bounce back like strip-cartoon figures. Time is disjunctive, on this comic yet horrible merry-go-round. No finger of fate points to the ineluctable progression of time and its assaults upon the human frame and psyche.

As one can easily see, there is an apparent cruelty in this approach and some critics have excoriated *Candide*, none more so than Mme de Staël. For her, *Candide* was an 'ouvrage d'une gaieté infernale', written by 'un être d'une autre nature que nous, indifférent à notre sort, content de nos souffrances et riant comme un démon, ou comme un singe, des misères de cette

espèce humaine avec laquelle il n'a rien de commun'.[15] It is a formidable indictment, but this reaction fails to take account of the duality in Voltaire's narrative approach which has been mentioned earlier. If he were just amusing himself at the expense of his characters, the reader's reaction would be nothing more than a sophistical cynicism ('What a lot of awful people!'). *Candide* would be merely the plaything of an author showing off his superior intelligence.

In brief, it would echo the attitude of the Parisians in *Candide* (ch. XXII), who make mockery of everything around them as they lead lives of swindling, calumny and even murder. Seen in this light, one has to feel that Mme de Staël's response is not fully attuned to the *conte*. For at the end of the Parisian chapter our hero who, though still very ingenuous, has a healthy moral sense, shows how appalled he is at such people: 'Ah! les monstres! s'écria Candide: quoi! de telles horreurs chez un peuple qui danse et qui chante! Ne pourrai-je sortir au plus vite de ce pays où des singes agacent des tigres? J'ai vu des ours dans mon pays [...]' (p. 62). The repeated animal imagery (prefiguring Balzac's use of the same metaphoric device on a larger scale in *Le Père Goriot*) sufficiently indicates Voltaire's detestation of supercilious detachment. Such attitudes are, quite literally, not human. As Jean Starobinski puts it: 'Voltaire est scandalisé par la souffrance infligée [...] Le style de Voltaire, qualifié généralement comme "spirituel", "incisif", "sarcastique" – doit son caractère spécifique à la double visée agressive dont il est chargé [...] l'effet composé dû à la simultanéité de la verve polémique et du frisson d'horreur'.[16] Without the humanity that underlies the style of *Candide* it would be a sterile work.

That style is fundamental if one is to proclaim *Candide* as one of the great classics of European literature. René Pomeau establishes this point decisively:'*Candide* démolit la construction leibnizienne par l'obsession d'un style'.[17] If the tale were only a refutation of Leibniz's arguments, it would long since have disappeared into that oblivion which is the fate of mediocre works. Many authors have attempted to imitate the *conte*, right down to our own day, and at first sight this would not appear to be such a difficult task; just pinpoint the absurdities and horrors of the world around you and make fun of them. So far no imitator has come close to the secret recipe of the original.

The genius lies possibly in the parodic mode of *Candide*. This tale is an ironic imitation of many styles; most notably, perhaps, the picaresque with its endlessly proliferating accumulation of episodes; the *genre merveilleux* full of wondrous happenings; the *conte de fée*. As in Perrault's fairy stories, it begins in the most conventional manner:'Il y avait [...]'. The chapter headings also stick closely to tradition, giving an account of the contents of that chapter, but the whole intention is to mock and subvert these *genres*. For Voltaire, a story must have an ulterior purpose. This he makes clear, late in life, in a general statement about the *conte*:

Je veux qu'un conte soit fondé sur la vraisemblance, et qu'il ne ressemble pas toujours à un rêve. Je désire qu'il n'ait rien de trivial ni d'extravagant. Je voudrais surtout que, sous le voile de la fable, il laissât entrevoir aux yeux exercés quelque vérité fine qui échappe au vulgaire.

(*Le Taureau blanc*, Mol. XXI, p. 506.)

One might at first be tempted to protest that *Candide* achieves the opposite effect, creating a mood reminiscent of a dream – but surely, with the usual exception of the Eldorado chapters, this is not the case? The reality is heightened but the basis is always reality. The *fable* is a *voile* only, in which the *vérité fine* may be divined. Similarly, when intertextual references are perceptible they are not simply admiring tributes to the original model. It is possible to discern, for instance, traces of Fénelon's novel *Télémaque* (1699), widely popular throughout the century, in which, as in *Candide*, the quest theme dominates. But whereas in *Télémaque* the teacher Mentor is present to counsel the hero (whose name, like Candide's, furnishes the title) on the art of living, Candide has anti- Mentors, Pangloss and Martin, and in the end is obliged to discover the truth for himself.

The parallel with *Manon Lescaut* is stronger still. The hero of that novel, Des Grieux, emigrates to America in the wake of his beloved Manon and in search of a better life. But there he is threatened with separation from her because he is not married to her; so too Candide with Cunégonde, likewise in America. *Manon* ends tragically as the couple flee into the desert. By contrast Candide, also unmarried to his beloved, is sent on his way without ceremony by La Vieille and allowed only the briefest of moments for elegiac regrets at Cunégonde's departure. His plaintive lamentation ('Cunégonde, amenée de si loin, que deviendrez-vous?') is swiftly punctured by Cacambo's typically down-to-earth remark: 'Elle deviendra ce qu'elle pourra [...] les femmes ne sont jamais embarrassées d'elles'(p. 30). To the end, even in death, Manon retains her radiant beauty, while Cunégonde survives but into sour and crabbed ugliness. At certain moments Voltaire appears to have Prévost's novel explicitly in mind. In both stories the hero is unexpectedly reunited with his beloved. In *Manon*, the rediscovery is magical:

Dieux! quelle apparition surprenante! [...] C'était elle, mais plus aimable et plus brillante que je ne l'avais jamais vue [...] Ses charmes surpassaient tout ce qu'on peut décrire. C'était un air si fin, si doux, si engageant, l'air de l'Amour même. Toute sa figure me parut un enchantement.[18]

What, by comparison, of Candide's surprise? There are clear similarities:

> Quel moment! quelle surprise! il croit voir Mlle Cunégonde; il la voyait en effet, c'était elle-même. La force lui manque, il ne peut proférer une parole, il tombe à ses pieds. Cunégonde tombe sur le canapé. La vieille les accable d'eaux spiritueuses [...]. (pp. 14-15).

But where Prévost makes a direct appeal to the reader's gentle sensibilities, Voltaire as usual distances us from the action. The language he uses is deliberately banal. The scene he paints is downright comic, Candide and Cunégonde both collapsing in different directions, while the ever-practical old woman deluges them with spirits to bring them round. There is no third person in *Manon* to lessen the emotional tension. In *Candide*, 'three's a crowd'. When the lovers recover their senses and break into sighs, cries and tears, she (once again, most sensibly) advises them to make less noise!. By the time that they are left to themselves, any possibility of tragic pathos has been effectively destroyed.

Let us look at a passage from the story, in an attempt to capture some of the essence of Voltaire's scathing satire: the first two paragraphs of chapter VI (pp. 12-13).

The chapter opens in a characteristically ironic mode. Faced with the Lisbon disaster, 'les sages du pays' can offer only 'un bel auto-da-fé' as a way of fending off a second such catastrophe: propitiation of the divinity and therefore, because it is a direct approach to God, 'un secret infaillible'. Here is magical thinking, self-evidently absurd – but the absurdity is compounded by a human outrage. This Christian God clearly requires more than the prayers of thanks and adoration that were a sufficient religion in the ideal world of Eldorado. Only a burnt offering will do; furthermore, this must be performed with all proper dignity. Hence the sole appropriate remedy: 'le spectacle de quelques personnes brûlées à petit feu, en grande cérémonie'; the 'grandeur' of the 'cérémonie' will be enhanced by a suitably drawn-out burning.

So this exposition, in under seventy words, sets out the various aspects that religious prejudice can take. Born of fear, it turns to superstition, and superstition finds its outlet in the persecution of fellow-human beings. The rhythm of this single sentence serves to heighten that effect. 'Après le tremblement' (inescapable fact); 'les sages...auto-da-fé'(idiots and their idiotic answer); 'il était décidé...'(mock-formal, leading to the resounding nonsense of the final words)'...pour empêcher la terre de trembler'. Literally speaking, the wise men of Coimbra have agreed upon a certain fact ('*est* un secret'), which relates to the ironic counterpoint of 'un *bel* auto-da-fé'. The neat parallel 'à petit feu, en grande cérémonie', with its classical balance and

discretion, leaves the way open to the reader to imagine for himself the unspeakable atrocity of a deliberately gradual burning of human flesh, obscenely carried out as a grand ritual.

Hence to the narrative proper. Voltaire indulges a favourite device, of describing people naïvely and omitting the full explanation. This permits the reader to see for himself the full absurdity.[19] The Biscayan has committed no offence according to civil law, while the Portuguese are being punished for what at first sight appears to be an absurd irrelevance. Whether or not one comprehends the full explanation for this (the Biscayan has transgressed a Christian prohibition, the Portuguese refuse to eat bacon because they are Jewish), it is clear that there exists a hideous disproportion between the punishment and the crime.

Such is the prologue, as the pluperfect tenses indicate ('On *avait...avaient* arraché'); now comes the main action, foregrounded ('on *vint* lier..tous deux *furent* menés'). The odious absurdity goes on mounting. Pangloss and Candide are being punished at the stake for reasons that make no sense as Voltaire represents them, Candide's 'crime' being even more ridiculous than his companion's ('pour avoir parlé...pour l'avoir écouté avec un air d'approbation'). The recital speeds up through the imprisonment (described in ironic terms which combine the stylistic use of periphrasis and litotes) and arrives without delay at the auto-da-fé.

Having passed quickly, in two acerbic phrases, over the week spent in prison as though it were a banal (but evidently unpleasant) experience, the narrator allows himself space for a full account of the appalling scene. First, he provides a mock-pedantic statement of the technical differences in the ways that each of the pair is treated (the fruit of assiduous documentation on Voltaire's part). By a painstaking description of the mitres and surplices that the two victims are made to wear, in which we are told as though by the most scholarly of historians how the devils and flames are diversely painted on their costumes, the author incites in the reader a mood of resistance if not total revulsion. Who *cares* whether the flames are upright or upside down? So too with the divine service and its 'sermon très pathétique, suivi d'une belle musique...' Through a wholly ironic exploitation of the scene Voltaire forces upon his reader the necessity of imagining for himself what is really happening, behind this ceremonial facade.

The unfortunate Biscayan and Portuguese are duly burned alive. Candide receives his beating (a terrible one, as we are to learn in the next paragraph) to the rhythm of the singing – one more obscenity. Pangloss is hanged but, adds the narrator with a final detail of utterly gratuitous information, this was contrary to custom (the reason for this is given by Pangloss later on, in Chapter XXVIII). 'So what?' one may very reasonably ask.

The auto-da-fé has been duly consummated. What then is the outcome of this sacrificial ritual? The final sentence of the paragraph is brief, lucidly

expository and totally crushing: 'Le même jour la terre trembla de nouveau avec un fracas épouvantable.' Reality has at last asserted its authority over the horrendous make-believe devised by the Inquisition.

This extract is characteristic of the story-telling in *Candide*. By the use of classical stylistic devices, the emphasis laid upon balance (usually for purposes of ironic contrast), the variation of speeds, rhythms and tones, Voltaire evokes a horrible picture in language of limpid clarity. Yet discretion casts a veil over what would have been the awful details of burning, beating and hanging, the physical and mental agonies. Nowhere, either, are we admitted access to the private thoughts and feelings of anyone involved. (When, in the following paragraph, Candide is permitted a rare indulgence of emotional soliloquy, it ends, typically, in vulgar bathos that effectively undercuts it.) That is not Voltaire's way. But the whole scene is recounted with a concise cruelty of expression that is an unremitting assault on our sensibilities. The author is ironic – but not detached. Underneath the artfully arranged details lies an appeal to the reader to comprehend the true atrociousness of all this, and the way false thinking can lead to such suffering. By appreciating the depth of folly in human behaviour and institutions there is some hope, however fragile, that cultivating one's garden may begin to usher in a better way of life.

NOTES TO INTRODUCTION

1 Hellegouarc'h, J., 'Mélinade ou la duchesse du Maine: deux contes de jeunesse de Voltaire', *Revue d'histoire littéraire de la France* 85 (1978), pp. 722-35.

2 *Contes en vers et en prose*, ed. S. Menant (Garnier, Paris, 1992-3), 2 vols., I. pp. 15-26.

3 D.W. Smith has demonstrated that *Micromégas* first appeared in 1751, not the following year as had previously been thought: 'The publication of *Micromégas*', *Studies on Voltaire* 219 (1983), pp. 63-92.

4 Duncan, G.M. (ed. and trans.) *The Political Works of Leibniz* (Yale University Press, New Haven, 1890), p. 194.

5 Leibniz, *Theodicy*, ed. A. Farrer (Routledge, London, 1951), p. 128.

6 *Lettres philosophiques*, ed. G. Lanson (Didier, Paris, 1964) 2 vols, II, p. 205.

7 Belaval, Y., 'L'Esprit de Voltaire', *Studies on Voltaire* 24 (1963) p. 147.

8 Thomas, Dylan, *Collected Poems 1934-1952* (Dent, London, 1952) p. 13.

9 *Essais*, ed. R. Quilliot (Pleiade, Paris, 1965) p. 99.

10 Letter to Louise Colet [24 April 1852], *Flaubert: Oeuvres complètes* (Club de l'Honnête Homme, Paris, 1971-5) 16 vols, XIII, p. 185.

11 Weightman, J.G., 'The Quality of Candide', in E.T. Dubois *et al.* (eds) *Essays Presented to C.M. Girdlestone* (Newcastle-upon-Tyne, 1960) p. 338.

12 Starobinski, J., 'Le fusil à deux coups de Voltaire', *Revue de métaphysique et de morale* 71 (1966) pp. 290-1.

13 Letter to Louise Colet [26 August 1853], *Flaubert: Oeuvres complètes*, XIII, p. 399.

14 See the excellent article on this subject by Christiane Mervaud, 'Du carnaval au carnavalesque: l'épisode vénitien de *Candide*', in C. Mervaud and S. Menant (eds) *Le Siècle de Voltaire: Hommage à René Pomeau* (Voltaire Foundation, Oxford, 1986) 2 vols, pp. 651-62.

15 *De l'Allemagne*, ed. J. de Pange (Hachette, Paris, 1958-60) 5 vols, IV, p. 79.

16 Starobinski, J., 'Sur le style philosophique de *Candide*', *Comparative Literature* 28 (1976) pp. 198-9.

17 Pomeau, R., *La Religion de Voltaire* (Nizet, Paris, 1969) p. 309.

18 Prévost, *Histoire du chevalier des Grieux et de Manon Lescaut*, eds F. Deloffre and R. Picard (Garnier, Paris, 1965) p. 44.

19 Compare, for instance, the recruiting officers, represented simply as 'Deux hommes habillés de bleu' (p. 3).

BIBLIOGRAPHY

General

Barber, W.H., *Voltaire: Candide* (Arnold, London, 1960)
Howells, R., *Disabled Powers: A Reading of Voltaire's 'Contes'* (Rodopi, Amsterdam,1993)
Magnan, A., *Candide ou l'optimisme* (PUF, Paris, 1987)
Mason, H., *Candide: Optimism Demolished* (Twayne, New York, 1992)
——*Voltaire: A Biography* (Granada, London, 1981)
Pearson, R., *The Fables of Reason: A Study of Voltaire's 'Contes Philosophiques'* (Clarendon Press, Oxford, 1993)
Sareil, J., *Essai sur Candide* (Droz, Geneva, 1967)
Studies on Voltaire and the Eighteenth Century, (eds) T. Besterman and subsequently H. Mason (Voltaire Foundation, Oxford, 1955-)
Waldinger, R. (ed), *Approaches to Teaching Voltaire's Candide* (MLA, New York, 1987)

Editions of Voltaire
(of *Candide* only, except where otherwise indicated)

Besterman, T., *Voltaire's Correspondence, The Complete Works of Voltaire*, 85-135 (Voltaire Foundation, Geneva and Banbury, 1968-75).
Brumfitt, J.H. (Oxford University Press, 1968)
Deloffre, F. and J. Van den Heuvel, *Romans et contes* (Pléiade, Paris, 1979)
Goldzink, J. (Magnard, Paris, 1987)
Magnan, A. (Bordas, Paris, 1984)
Menant, S., *Contes en vers et en prose* (Garnier, Paris, 1992-3, 2 vols)
Moland, L., *Oeuvres complètes* (Garnier, Paris, 1877-85, 52 vols) (referred to as Mol.)
Morize, A. (Didier, Paris,1957)
Pomeau, R., in *The Complete Works of Voltaire*, 48 (Voltaire Foundation, Oxford, 1980)

CANDIDE,

OU
L'OPTIMISME,

TRADUIT DE L'ALLEMAND

DE

MR. LE DOCTEUR RALPH.

MDCCLIX.

C A N D I D E,

O U

L'OPTIMISME[1],

Traduit de l'allemand de Mr. le docteur RALPH.[2]

Avec les additions qu'on a trouvées dans la poche
du docteur lorsqu'il mourut à Minden[3] l'an de
grace 1759.

Facsimile of title-page: 1775 edition

CHAPITRE I

IL Y AVAIT en Westphalie, dans le château de M. le baron de Thunder-ten-tronckh,[2] un jeune garçon à qui la nature avait donné les mœurs les plus douces. Sa physionomie annonçait son âme. Il avait le jugement assez droit, avec l'esprit le plus simple ; c'est, je crois, pour cette raison qu'on le nommait *Candide*. Les anciens domestiques de la maison soupçonnaient qu'il était fils de la sœur de M. le baron et d'un bon et honnête gentilhomme du voisinage, que cette demoiselle ne voulut jamais épouser, parce qu'il n'avait pu prouver que soixante et onze quartiers, et que le reste de son arbre généalogique avait été perdu par l'injure du temps.[3]

M. le baron était un des plus puissants seigneurs de la Westphalie, car son château avait une porte et des fenêtres.[4] Sa grande salle même était ornée d'une tapisserie. Tous les chiens de ses basses-cours composaient une meute dans le besoin ; ses palefreniers étaient ses piqueurs ; le vicaire du village était son grand aumônier. Ils l'appelaient tous monseigneur, et ils riaient quand il faisait des contes.

Mme la baronne, qui pesait environ trois cent cinquante livres, s'attirait par là une très grande considération, et faisait les honneurs de la maison avec une dignité qui la rendait encore plus respectable. Sa fille Cunégonde,[5] âgée de dix-sept ans, était haute en couleur, fraîche, grasse, appétissante. Le fils du baron paraissait en tout digne de son père. Le précepteur Pangloss[6] était l'oracle de la maison, et le petit Candide écoutait ses leçons avec toute la bonne foi de son âge et de son caractère.

Pangloss enseignait la métaphysico-théologo-cosmolonigologie.[7] Il prouvait admirablement qu'il n'y a point d'effet sans cause,[8] et que, dans ce meilleur des mondes possibles, le château de Mgr le baron était le plus beau des châteaux, et madame la meilleure des baronnes possibles.[9]

«Il est démontré, disait-il, que les choses ne peuvent être autrement ; car tout étant fait pour une fin, tout est nécessairement pour la meilleure fin. Remarquez bien que les nez ont été faits pour porter des lunettes ; aussi avons-nous des lunettes.[10] Les jambes sont visiblement instituées pour être chaussées, et nous avons des chausses. Les pierres ont été formées pour être taillées et pour en faire des châteaux ; aussi monseigneur a un très beau château : le plus grand baron de la province doit être le mieux logé ; et les cochons étant faits pour être mangés, nous mangeons du porc toute l'année : par conséquent, ceux qui ont avancé que tout est bien ont dit une sottise ; il fallait dire que tout est au mieux.»

Candide écoutait attentivement, et croyait innocemment ; car il trouvait Mlle Cunégonde extrêmement belle, quoiqu'il ne prît jamais la hardiesse de le lui dire. Il concluait qu'après le bonheur d'être né baron de Thunder-ten-tronckh, le second degré de bonheur était d'être Mlle Cunégonde ; le troisième, de la voir tous les jours ; et le quatrième, d'entendre maître Pangloss, le plus grand philosophe de la province, et par conséquent de toute la terre.

Un jour Cunégonde, en se promenant auprès du château, dans le petit bois qu'on appelait parc, vit entre des broussailles le docteur Pangloss qui donnait une leçon de physique expérimentale[11] à la femme de chambre de sa mère, petite brune très jolie et très docile. Comme Mlle Cunégonde avait beaucoup de disposition pour les sciences, elle observa sans souffler les expériences réitérées dont elle fut témoin ; elle vit clairement la raison suffisante[12] du docteur, les effets et les causes, et s'en retourna toute agitée, toute pensive, toute remplie du désir d'être savante, songeant qu'elle pourrait bien être la raison suffisante du jeune Candide, qui pouvait aussi être la sienne.

Elle rencontra Candide en revenant au château, et rougit. Candide rougit aussi. Elle lui dit bonjour d'une voix entrecoupée ; et Candide lui parla sans savoir ce qu'il disait. Le lendemain, après le dîner, comme on sortait de table, Cunégonde et Candide se trouvèrent derrière un paravent ; Cunégonde laissa tomber son mouchoir, Candide le ramassa ; elle lui prit innocemment la main ; le jeune homme baisa

innocemment la main de la jeune demoiselle avec une vivacité, une sensibilité, une grâce toute particulière ; leurs bouches se rencontrèrent, leurs yeux s'enflammèrent, leurs genoux tremblèrent, leurs mains s'égarèrent. M. le baron de Thunder-ten-tronckh passa auprès du paravent, et, voyant cette cause et cet effet, chassa Candide du château à grands coups de pied dans le derrière. Cunégonde s'évanouit : elle fut souffletée par Mme la baronne dès qu'elle fut revenue à elle-même ; et tout fut consterné dans le plus beau et le plus agréable des châteaux possibles.

CHAPITRE II

CE QUE DEVINT CANDIDE PARMI LES BULGARES

CANDIDE, chassé du paradis terrestre,[1] marcha longtemps sans savoir où, pleurant, levant les yeux au ciel, les tournant souvent vers le plus beau des châteaux, qui renfermait la plus belle des baronnettes ; il se coucha sans souper au milieu des champs entre deux sillons ; la neige tombait à gros flocons. Candide, tout transi, se traîna le lendemain vers la ville voisine, qui s'appelle *Waldberghoff-trarbk-dikdorff*, n'ayant point d'argent, mourant de faim et de lassitude. Il s'arrêta tristement à la porte d'un cabaret. Deux hommes habillés de bleu le remarquèrent : « Camarade, dit l'un, voilà un jeune homme très bien fait, et qui a la taille requise.» Ils s'avancèrent vers Candide, et le prièrent à dîner très civilement. « Messieurs, leur dit Candide avec une modestie charmante, vous me faites beaucoup d'honneur, mais je n'ai pas de quoi payer mon écot. — Ah ! monsieur, lui dit un des bleus, les personnages de votre figure et de votre mérite ne payent jamais rien : n'avez-vous pas cinq pieds cinq pouces de haut ? — Oui, messieurs, c'est ma taille, dit-il en faisant la révérence. — Ah ! monsieur, mettez-vous à table ; non seulement nous vous défrayerons, mais nous ne souffrirons jamais qu'un homme comme vous manque d'argent ; les hommes ne sont faits que pour se secourir les uns les autres.[2] — Vous avez raison, dit Candide ; c'est ce que M. Pangloss m'a toujours dit, et je vois bien que tout

est au mieux.» On le prie d'accepter quelques écus, il les prend et veut faire son billet ; on n'en veut point, on se met à table. « N'aimez-vous pas tendrement . . .? — Oh ! oui, répond-il, j'aime tendrement Mlle Cunégonde. — Non, dit l'un de ces messieurs, nous vous demandons si vous n'aimez pas tendrement le roi des Bulgares ?[3] — Point du tout, dit-il, car je ne l'ai jamais vu. — Comment ! c'est le plus charmant des rois, et il faut boire à sa santé. — Oh ! très volontiers, messieurs.» Et il boit. «C'en est assez, lui dit-on, vous voilà l'appui, le soutien, le défenseur, le héros des Bulgares ; votre fortune est faite, et votre gloire est assurée.» On lui met sur-le-champ les fers aux pieds, et on le mène au régiment. On le fait tourner à droite, à gauche, hausser la baguette, remettre la baguette, coucher en joue, tirer, doubler le pas, et on lui donne trente coups de bâton ; le lendemain, il fait l'exercice un peu moins mal, et il ne reçoit que vingt coups ; le surlendemain, on ne lui en donne que dix, et il est regardé par ses camarades comme un prodige.

Candide, tout stupéfait, ne démêlait pas encore trop bien comment il était un héros. Il s'avisa un beau jour de printemps de s'aller promener, marchant tout droit devant lui, croyant que c'était un privilège de l'espèce humaine, comme de l'espèce animale, de se servir de ses jambes à son plaisir. Il n'eut pas fait deux lieues, que voilà quatre autres héros de six pieds qui l'atteignent, qui le lient, qui le mènent dans un cachot. On lui demanda juridiquement ce qu'il aimait le mieux, d'être fustigé trente-six fois par tout le régiment, ou de recevoir à la fois douze balles de plomb dans la cervelle. Il eut beau dire que les volontés sont libres, et qu'il ne voulait ni l'un ni l'autre, il fallut faire un choix ; il se détermina, en vertu du don de Dieu qu'on nomme *liberté*,[4] à passer trente-six fois par les baguettes ; il essuya deux promenades. Le régiment était composé de deux mille hommes. Cela lui composa quatre mille coups de baguettes[5] qui, depuis la nuque du cou jusqu'au cul, lui découvrirent les muscles et les nerfs.[6] Comme on allait procéder à la troisième course, Candide, n'en pouvant plus, demanda en grâce qu'on voulût bien avoir la bonté de lui casser la tête ; il obtint cette faveur ; on lui bande les yeux ; on le fait mettre à genoux. Le roi des Bulgares passe dans le moment, s'informe du

crime du patient ; et comme ce roi avait un grand génie, il comprit par tout ce qu'il apprit de Candide, que c'était un jeune métaphysicien fort ignorant des choses de ce monde, et il lui accorda sa grâce avec une clémence qui sera louée dans tous les journaux et dans tous les siècles.[7] Un brave chirurgien guérit Candide en trois semaines avec les émollients enseignés par Dioscoride.[8] Il avait déjà un peu de peau et pouvait marcher, quand le roi des Bulgares livra bataille au roi des Abares.[9]

CHAPITRE III

COMMENT CANDIDE SE SAUVA D'ENTRE LES BULGARES, ET CE QU'IL DEVINT

Rien n'était si beau, si leste, si brillant, si bien ordonné que les deux armées. Les trompettes, les fifres, les hautbois, les tambours, les canons, formaient une harmonie telle qu'il n'y en eut jamais en enfer.[1] Les canons renversèrent d'abord à peu près six mille hommes de chaque côté ; ensuite la mousqueterie ôta du meilleur des mondes environ neuf à dix mille coquins qui en infectaient la surface. La baïonnette fut aussi la raison suffisante[2] de la mort de quelques milliers d'hommes. Le tout pouvait bien se monter à une trentaine de mille âmes. Candide, qui tremblait comme un philosophe, se cacha du mieux qu'il put pendant cette boucherie héroïque.

Enfin, tandis que les deux rois faisaient chanter des *Te Deum*, chacun dans son camp,[3] il prit le parti d'aller raisonner ailleurs des effets et des causes. Il passa par-dessus des tas de morts et de mourants, et gagna d'abord un village voisin ; il était en cendres : c'était un village abare que les Bulgares avaient brûlé, selon les lois du droit public.[4] Ici des vieillards criblés de coups regardaient mourir leurs femmes égorgées, qui tenaient leurs enfants à leurs mamelles sanglantes ; là des filles éventrées, après avoir assouvi les besoins naturels de quelques héros, rendaient les derniers soupirs ; d'autres à demi brûlées criaient qu'on achevât de leur donner la mort.

Des cervelles étaient répandues sur la terre à côté de bras et de jambes coupés.

Candide s'enfuit au plus vite dans un autre village : il appartenait à des Bulgares, et les héros abares l'avaient traité de même. Candide, toujours marchant sur des membres palpitants, ou à travers des ruines, arriva enfin hors du théâtre de la guerre, portant quelques petites provisions dans son bissac, et n'oubliant jamais Mlle Cunégonde. Ses provisions lui manquèrent quand il fut en Hollande ; mais ayant entendu dire que tout le monde était riche dans ce pays-là, et qu'on y était chrétien, il ne douta pas qu'on ne le traitât aussi bien qu'il l'avait été dans le château de M. le baron, avant qu'il en eût été chassé pour les beaux yeux de Mlle Cunégonde.

Il demanda l'aumône à plusieurs graves personnages, qui lui répondirent tous que, s'il continuait à faire ce métier, on l'enfermerait dans une maison de correction pour lui apprendre à vivre.

Il s'adressa ensuite à un homme qui venait de parler tout seul une heure de suite sur la charité dans une grande assemblée. Cet orateur[5] le regardant de travers lui dit : « Que venez-vous faire ici ? y êtes-vous pour la bonne cause ? — Il n'y a point d'effet sans cause, répondit modestement Candide ; tout est enchaîné nécessairement,[6] et arrangé pour le mieux. Il a fallu que je fusse chassé d'auprès de Mlle Cunégonde, que j'aie passé par les baguettes, et il faut que je demande mon pain, jusqu'à ce que je puisse en gagner ; tout cela ne pouvait être autrement. — Mon ami, lui dit l'orateur, croyez-vous que le pape soit l'antechrist ? — Je ne l'avais pas encore entendu dire, répondit Candide ; mais qu'il le soit ou qu'il ne le soit pas, je manque de pain. — Tu ne mérites pas d'en manger, dit l'autre ; va, coquin, va, misérable, ne m'approche de ta vie.» La femme de l'orateur ayant mis la tête à la fenêtre, et avisant un homme qui doutait que le pape fût antechrist, lui répandit sur le chef un plein . . . O ciel ! à quel excès se porte le zèle de la religion dans les dames !

Un homme qui n'avait point été baptisé, un bon anabaptiste,[7] nommé Jacques, vit la manière cruelle et ignominieuse dont on traitait ainsi un de ses frères, un être à deux

pieds sans plumes, qui avait une âme ; il l'amena chez lui, le nettoya, lui donna du pain et de la bière, lui fit présent de deux florins, et voulut même lui apprendre à travailler dans ses manufactures aux étoffes de Perse qu'on fabrique en Hollande. Candide, se prosternant presque devant lui, s'écriait : « Maître Pangloss me l'avait bien dit, que tout est au mieux dans ce monde, car je suis infiniment plus touché de votre extrême générosité que de la dureté de ce monsieur à manteau noir, et de madame son épouse.»

Le lendemain, en se promenant, il rencontra un gueux tout couvert de pustules, les yeux morts, le bout du nez rongé, la bouche de travers, les dents noires, et parlant de la gorge, tourmenté d'une toux violente, et crachant une dent à chaque effort.

CHAPITRE IV

COMMENT CANDIDE RENCONTRA SON ANCIEN MAITRE DE PHILOSOPHIE, LE DOCTEUR PANGLOSS, ET CE QUI EN ADVINT

CANDIDE, plus ému encore de compassion que d'horreur, donna à cet épouvantable gueux les deux florins qu'il avait reçus de son honnête anabaptiste Jacques. Le fantôme le regarda fixement, versa des larmes, et sauta à son cou. Candide effrayé recule. « Hélas ! dit le misérable à l'autre misérable, ne reconnaissez-vous plus votre cher Pangloss ? —Qu'entends-je ? vous, mon cher maître ? vous, dans cet état horrible ! quel malheur vous est-il donc arrivé ? pourquoi n'êtes-vous plus dans le plus beau des châteaux ? qu'est devenue Mlle Cunégonde, la perle des filles, le chef-d'œuvre de la nature ? — Je n'en peux plus», dit Pangloss. Aussitôt Candide le mène dans l'étable de l'anabaptiste, où il lui fit manger un peu de pain; et quand Pangloss fut refait: « Eh bien ! lui dit-il, Cunégonde? — Elle est morte », reprit l'autre. Candide s'évanouit à ce mot : son ami rappela ses sens avec un peu de mauvais vinaigre qui se trouva par hasard dans l'étable. Candide rouvre les yeux. « Cunégonde est morte ! Ah ! meilleur des mondes, où êtes-vous ? Mais

7

de quelle maladie est-elle morte ? ne serait-ce point de m'avoir vu chasser du beau château de monsieur son père à grands coups de pied ? — Non, dit Pangloss, elle a été éventrée par des soldats bulgares, après avoir été violée autant qu'on peut l'être ; ils ont cassé la tête à monsieur le baron qui voulait la défendre ; madame la baronne a été coupée en morceaux ; mon pauvre pupille traité précisément comme sa sœur ; et quant au château, il n'est pas resté pierre sur pierre, pas une grange, pas un mouton, pas un canard, pas un arbre ; mais nous avons été bien vengés, car les Abares en ont fait autant dans une baronnie voisine qui appartenait à un seigneur bulgare.»[2]

A ce discours, Candide s'évanouit encore ; mais revenu à soi, et ayant dit tout ce qu'il devait dire, il s'enquit de la cause et de l'effet, et de la raison suffisante[3] qui avaient mis Pangloss dans un si piteux état. « Hélas ! dit l'autre, c'est l'amour : l'amour, le consolateur du genre humain, le conservateur de l'univers, l'âme de tous les êtres sensibles, le tendre amour. — Hélas ! dit Candide, je l'ai connu cet amour, ce souverain des cœurs, cette âme de notre âme ; il ne m'a jamais valu qu'un baiser et vingt coups de pied au cul. Comment cette belle cause a-t-elle pu produire en vous un effet si abominable ? »

Pangloss répondit en ces termes : « O mon cher Candide ! vous avez connu Paquette, cette jolie suivante de notre auguste baronne : j'ai goûté dans ses bras les délices du paradis, qui ont produit ces tourments d'enfer dont vous me voyez dévoré ; elle en était infectée, elle en est peut-être morte. Paquette tenait ce présent d'un cordelier[4] très savant qui avait remonté à la source, car il l'avait eue d'une vieille comtesse, qui l'avait reçue d'un capitaine de cavalerie, qui la devait à une marquise, qui la tenait d'un page, qui l'avait reçue d'un jésuite qui, étant novice, l'avait eue en droite ligne d'un des compagnons de Christophe Colomb.[5] Pour moi, je ne la donnerai à personne, car je me meurs.

— O Pangloss ! s'écria Candide, voilà une étrange généalogie ! n'est-ce pas le diable qui en fut la souche ? — Point du tout, répliqua ce grand homme ; c'était une chose indispensable dans le meilleur des mondes, un ingrédient nécessaire ; car si Colomb n'avait pas attrapé dans une île de

8

l'Amérique[6] cette maladie qui empoisonne la source de la génération, qui souvent même empêche la génération, et qui est évidemment l'opposé du grand but de la nature, nous n'aurions ni le chocolat ni la cochenille[7] ; il faut encore observer que jusqu'aujourd'hui, dans notre continent, cette maladie nous est particulière, comme la controverse. Les Turcs, les Indiens, les Persans, les Chinois, les Siamois, les Japonais ne la connaissent pas encore ; mais il y a une raison suffisante pour qu'ils la connaissent à leur tour dans quelques siècles. En attendant elle a fait un merveilleux progrès parmi nous, et surtout dans ces grandes armées composées d'honnêtes stipendiaires bien élevés,[8] qui décident du destin des États ; on peut assurer que, quand trente mille hommes combattent en bataille rangée contre des troupes égales en nombre, il y a environ vingt mille vérolés de chaque côté.

— Voilà qui est admirable, dit Candide ; mais il faut vous faire guérir. — Eh ! comment le puis-je ? dit Pangloss ; je n'ai pas le sou, mon ami, et dans toute l'étendue de ce globe on ne peut ni se faire saigner, ni prendre un lavement sans payer, ou sans qu'il y ait quelqu'un qui paye pour nous.»

Ce dernier discours détermina Candide ; il alla se jeter aux pieds de son charitable anabaptiste Jacques, et lui fit une peinture si touchante de l'état où son ami était réduit, que le bonhomme n'hésita pas à recueillir le docteur Pangloss ; il le fit guérir à ses dépens. Pangloss, dans la cure, ne perdit qu'un œil et une oreille. Il écrivait bien, et savait parfaitement l'arithmétique. L'anabaptiste Jacques en fit son teneur de livres. Au bout de deux mois, étant obligé d'aller à Lisbonne pour les affaires de son commerce, il mena dans son vaisseau ses deux philosophes. Pangloss lui expliqua comment tout était on ne peut mieux. Jacques n'était pas de cet avis. « Il faut bien, disait-il, que les hommes aient un peu corrompu la nature, car ils ne sont point nés loups, et ils sont devenus loups. Dieu ne leur a donné ni canon de vingt-quatre, ni baïonnettes, et ils se sont fait des baïonnettes et des canons pour se détruire.[9] Je pourrais mettre en ligne de compte les banqueroutes, et la justice qui s'empare des biens des banqueroutiers pour en frustrer les créanciers.[10] — Tout cela était indispensable, répliquait le

docteur borgne, et les malheurs particuliers font le bien général ; de sorte que plus il y a de malheurs particuliers, et plus tout est bien .»¹¹ Tandis qu'il raisonnait, l'air s'obscurcit, les vents soufflèrent des quatre coins du monde, et le vaisseau fut assailli de la plus horrible tempête, à la vue du port de Lisbonne.

CHAPITRE V

TEMPÊTE, NAUFRAGE, TREMBLEMENT DE TERRE,¹ ET CE QUI ADVINT DU DOCTEUR PANGLOSS, DE CANDIDE ET DE L'ANABAPTISTE JACQUES

LA moitié des passagers affaiblis, expirants de ces angoisses inconcevables que le roulis d'un vaisseau porte dans les nerfs et dans toutes les humeurs du corps agitées en sens contraires, n'avait pas même la force de s'inquiéter du danger. L'autre moitié jetait des cris et faisait des prières ; les voiles étaient déchirées, les mâts brisés, le vaisseau entr'ouvert. Travaillait qui pouvait, personne ne s'entendait, personne ne commandait. L'anabaptiste aidait un peu à la manœuvre ; il était sur le tillac²; un matelot furieux le frappe rudement et l'étend sur les planches ; mais du coup qu'il lui donna, il eut lui-même une si violente secousse, qu'il tomba hors du vaisseau, la tête la première. Il restait suspendu et accroché à une partie de mât rompue. Le bon Jacques court à son secours, l'aide à remonter, et de l'effort qu'il fit, il est précipité dans la mer à la vue du matelot, qui le laissa périr sans daigner seulement le regarder. Candide approche, voit son bienfaiteur qui reparaît un moment, et qui est englouti pour jamais. Il veut se jeter après lui dans la mer : le philosophe Pangloss l'en empêche, en lui prouvant que la rade de Lisbonne avait été formée exprès pour que cet anabaptiste s'y noyât. Tandis qu'il le prouvait a priori,³ le vaisseau s'entr'ouvre, tout périt à la réserve de Pangloss, de Candide et de ce brutal de matelot qui avait noyé le vertueux anabaptiste ; le coquin nagea heureusement jusqu'au rivage, où Pangloss et Candide furent portés sur une planche.⁴

Quand ils furent revenus un peu à eux, ils marchèrent vers Lisbonne ; il leur restait quelque argent, avec lequel ils espéraient se sauver de la faim après avoir échappé à la tempête.

A peine ont-ils mis le pied dans la ville, en pleurant la mort de leur bienfaiteur, qu'ils sentent la terre trembler sous leurs pas ; la mer s'élève en bouillonnant dans le port, et brise les vaisseaux qui sont à l'ancre. Des tourbillons de flamme et de cendres couvrent les rues et les places publiques ; les maisons s'écroulent : les toits sont renversés sur les fondements, et les fondements se dispersent ; trente mille habitants de tout âge et de tout sexe sont écrasés sous des ruines. Le matelot disait en sifflant et en jurant : « Il y aura quelque chose à gagner ici. — Quelle peut être la raison suffisante de ce phénomène ? disait Pangloss. — Voici le dernier jour du monde ! » s'écriait Candide. Le matelot court incontinent au milieu des débris, affronte la mort pour trouver de l'argent, en trouve, s'en empare, s'enivre, et ayant cuvé son vin, achète les faveurs de la première fille de bonne volonté qu'il rencontre sur les ruines des maisons détruites, et au milieu des mourants et des morts. Pangloss le tirait cependant par la manche : « Mon ami, lui disait-il, cela n'est pas bien, vous manquez à la raison universelle,[5] vous prenez mal votre temps. — Tête et sang, répondit l'autre, je suis matelot et né à Batavia[6] ; j'ai marché quatre fois sur le crucifix dans quatre voyages au Japon[7] ; tu as bien trouvé ton homme avec ta raison universelle ! »

Quelques éclats de pierre avaient blessé Candide ; il était étendu dans la rue et couvert de débris. Il disait à Pangloss : « Hélas ! procure-moi[8] un peu de vin et d'huile ; je me meurs. — Ce tremblement de terre n'est pas une chose nouvelle, répondit Pangloss ; la ville de Lima éprouva les mêmes secousses en Amérique l'année passée ; mêmes causes, mêmes effets ; il y a certainement une traînée de soufre sous terre depuis Lima jusqu'à Lisbonne.[9] — Rien n'est plus probable, dit Candide ; mais, pour Dieu, un peu d'huile et de vin. — Comment probable ! répliqua le philosophe, je soutiens que la chose est démontrée. » Candide perdit connaissance, et Pangloss lui apporta un peu d'eau d'une fontaine voisine.[10]

Le lendemain, ayant trouvé quelques provisions de bouche en se glissant à travers des décombres, ils réparèrent un peu leurs forces. Ensuite ils travaillèrent comme les autres à soulager les habitants échappés à la mort. Quelques citoyens, secourus par eux, leur donnèrent un aussi bon dîner qu'on le pouvait dans un tel désastre : il est vrai que le repas était triste ; les convives arrosaient leur pain de leurs larmes ; mais Pangloss les consola en les assurant que les choses ne pouvaient être autrement : « Car, dit-il, tout ceci est ce qu'il y a de mieux ; car s'il y a un volcan à Lisbonne, il ne pouvait être ailleurs ; car il est impossible que les choses ne soient pas où elles sont, car tout est bien. »[11]

Un petit homme noir, familier[12] de l'inquisition, lequel était à côté de lui, prit poliment la parole et dit : « Apparemment que monsieur ne croit pas au péché originel ; car si tout est au mieux, il n'y a donc eu ni chute ni punition.[13]

— Je demande très humblement pardon à Votre Excellence, répondit Pangloss encore plus poliment, car la chute de l'homme et la malédiction entraient nécessairement dans le meilleur des mondes possibles. — Monsieur ne croit donc pas à la liberté ? dit le familier. — Votre Excellence m'excusera, dit Pangloss ; la liberté peut subsister avec la nécessité absolue ; car il était nécessaire que nous fussions libres ; car enfin la volonté déterminée. . . . »[14] Pangloss était au milieu de sa phrase, quand le familier fit un signe de tête à son estafier,[15] qui lui servait à boire du vin de Porto ou d'Oporto.

CHAPITRE VI

COMMENT ON FIT UN BEL AUTO-DA-FÉ[1] POUR EMPÊCHER LES TREMBLEMENTS DE TERRE, ET COMMENT CANDIDE FUT FESSÉ

APRÈS le tremblement de terre qui avait détruit les trois quarts de Lisbonne, les sages du pays n'avaient pas trouvé un moyen plus efficace pour prévenir une ruine totale que de donner au peuple un bel auto-da-fé ; il était décidé par l'université de Coïmbre que le spectacle de quelques

personnes brûlées à petit feu, en grande cérémonie, est un secret infaillible pour empêcher la terre de trembler.[2]

On avait en conséquence saisi un Biscayen convaincu d'avoir épousé sa commère,[3] et deux Portugais qui en mangeant un poulet en avaient arraché le lard[4] ; on vint lier après le dîner le docteur Pangloss et son disciple Candide, l'un pour avoir parlé, et l'autre pour l'avoir écouté avec un air d'approbation ; tous deux furent menés séparément dans des appartements d'une extrême fraîcheur, dans lesquels on n'était jamais incommodé du soleil ; huit jours après ils furent tous deux revêtus d'un san-benito,[5] et on orna leurs têtes de mitres de papier ; la mitre et le san-benito de Candide étaient peints de flammes renversées, et de diables qui n'avaient ni queues ni griffes ; mais les diables de Pangloss portaient griffes et queues, et les flammes étaient droites. Ils marchèrent en procession ainsi vêtus, et entendirent un sermon très pathétique, suivi d'une belle musique en faux-bourdon.[6] Candide fut fessé en cadence, pendant qu'on chantait ; le Biscayen et les deux hommes qui n'avaient point voulu manger de lard furent brûlés, et Pangloss fut pendu, quoique ce ne soit pas la coutume. Le même jour la terre trembla de nouveau avec un fracas épouvantable.[7]

Candide épouvanté, interdit, éperdu, tout sanglant, tout palpitant, se disait à lui-même : « Si c'est ici le meilleur des mondes possibles, que sont donc les autres ? Passe encore si je n'étais que fessé, je l'ai été chez les Bulgares ; mais, ô mon cher Pangloss ! le plus grand des philosophes, faut-il vous avoir vu pendre, sans que je sache pourquoi ! ô mon cher anabaptiste ! le meilleur des hommes, faut-il que vous ayez été noyé dans le port ! ô Mlle Cunégonde ! la perle des filles, faut-il qu'on vous ait fendu le ventre ! »

Il s'en retournait, se soutenant à peine, prêché, fessé absous et béni, lorsqu'une vieille l'aborda et lui dit : « Mon fils, prenez courage, suivez-moi. »

CHAPITRE VII

COMMENT UNE VIEILLE PRIT SOIN DE CANDIDE, ET COMMENT IL RETROUVA CE QU'IL AIMAIT

CANDIDE ne prit point courage, mais il suivit la vieille dans une masure : elle lui donna un pot de pommade pour se frotter, lui laissa à manger et à boire ; elle lui montra un petit lit assez propre ; il y avait auprès du lit un habit complet. « Mangez, buvez, dormez, lui dit-elle, et que Notre-Dame d'Atocha, monseigneur saint Antoine de Padoue, et monseigneur saint Jacques de Compostelle prennent soin de vous ! Je reviendrai demain. » Candide, toujours étonné de tout ce qu'il avait vu, de tout ce qu'il avait souffert, et encore plus de la charité de la vieille, voulut lui baiser la main. « Ce n'est pas ma main qu'il faut baiser, dit la vieille ; je reviendrai demain. Frottez-vous de pommade, mangez et dormez. »

Candide, malgré tant de malheurs, mangea et dormit. Le lendemain la vieille lui apporte à déjeuner, visite son dos, le frotte elle-même d'une autre pommade : elle lui apporte ensuite à dîner ; elle revient sur le soir et apporte à souper. Le surlendemain elle fit encore les mêmes cérémonies. « Qui êtes-vous ? lui disait toujours Candide ; qui vous a inspiré tant de bonté ? quelles grâces puis-je vous rendre ? » La bonne femme ne répondait jamais rien. Elle revint sur le soir, et n'apporta point à souper : « Venez avec moi, dit-elle, et ne dites mot. » Elle le prend sous le bras, et marche avec lui dans la campagne environ un quart de mille : ils arrivent à une maison isolée, entourée de jardins et de canaux. La vieille frappe à une petite porte. On ouvre ; elle mène Candide, par un escalier dérobé, dans un cabinet doré, le laisse sur un canapé de brocart, referme la porte, et s'en va. Candide croyait rêver et regardait toute sa vie comme un songe funeste, et le moment présent comme un songe agréable.

La vieille reparut bientôt ; elle soutenait avec peine une femme tremblante, d'une taille majestueuse, brillante de pierreries, et couverte d'un voile. « Ôtez ce voile », dit la vieille à Candide. Le jeune homme approche ; il lève le voile d'une main timide. Quel moment ! quelle surprise ! il

croit voir Mlle Cunégonde ; il la voyait en effet, c'était elle-même. La force lui manque, il ne peut proférer une parole, il tombe à ses pieds. Cunégonde tombe sur le canapé. La vieille les accable d'eaux spiritueuses, ils reprennent leurs sens, ils se parlent : ce sont d'abord des mots entrecoupés, des demandes et des réponses qui se croisent, des soupirs, des larmes, des cris. La vieille leur recommande de faire moins de bruit, et les laisse en liberté.[1] « Quoi ! c'est vous, lui dit Candide, vous vivez ! je vous retrouve en Portugal ! On ne vous a donc pas violée ? on ne vous a point fendu le ventre, comme le philosophe Pangloss me l'avait assuré ? — Si fait, dit la belle Cunégonde ; mais on ne meurt pas toujours de ces deux accidents. — Mais votre père et votre mère ont-ils été tués ? — Il n'est que trop vrai, dit Cunégonde en pleurant. — Et votre frère ? — Mon frère a été tué aussi. — Et pourquoi êtes-vous en Portugal ? et comment avez-vous su que j'y étais ? et par quelle étrange aventure m'avez-vous fait conduire dans cette maison ? — Je vous dirai tout cela, répliqua la dame ; mais il faut auparavant que vous m'appreniez tout ce qui vous est arrivé depuis le baiser innocent que vous me donnâtes, et les coups de pied que vous reçûtes. »

Candide lui obéit avec un profond respect ; et quoiqu'il fût interdit, quoique sa voix fût faible et tremblante, quoique l'échine lui fît encore un peu mal, il lui raconta de la manière la plus naïve tout ce qu'il avait éprouvé depuis le moment de leur séparation. Cunégonde levait les yeux au ciel : elle donna des larmes à la mort du bon anabaptiste et de Pangloss ; après quoi elle parla en ces termes à Candide, qui ne perdait pas une parole, et qui la dévorait des yeux.

CHAPITRE VIII

HISTOIRE DE CUNÉGONDE

« J'ÉTAIS dans mon lit et je dormais profondément, quand il plut au ciel d'envoyer les Bulgares dans notre beau château de Thunder-ten-tronckh ; ils égorgèrent mon père et mon frère, et coupèrent ma mère par morceaux. Un grand

Bulgare, haut de six pieds, voyant qu'à ce spectacle j'avais perdu connaissance, se mit à me violer ; cela me fit revenir, je repris mes sens, je criai, je me débattis, je mordis, j'égratignai, je voulais arracher les yeux à ce grand Bulgare, ne sachant pas que tout ce qui arrivait dans le château de mon père était une chose d'usage : le brutal me donna un coup de couteau dans le flanc gauche dont je porte encore la marque. — Hélas ! j'espère bien la voir, dit le naïf Candide. — Vous la verrez, dit Cunégonde ; mais continuons. — Continuez », dit Candide.[1]

Elle reprit ainsi le fil de son histoire : « Un capitaine bulgare entra, il me vit toute sanglante, et le soldat ne se dérangeait pas. Le capitaine se mit en colère du peu de respect que lui témoignait ce brutal, et le tua sur mon corps. Ensuite il me fit panser, et m'emmena prisonnière de guerre dans son quartier. Je blanchissais le peu de chemises qu'il avait, je faisais sa cuisine ; il me trouvait fort jolie, il faut l'avouer ; et je ne nierai pas qu'il ne fût très bien fait, et qu'il n'eût la peau blanche et douce ; d'ailleurs peu d'esprit, peu de philosophie : on voyait bien qu'il n'avait pas été élevé par le docteur Pangloss. Au bout de trois mois, ayant perdu tout son argent, et s'étant dégoûté de moi, il me vendit à un juif nommé don Issachar, qui trafiquait en Hollande et en Portugal et qui aimait passionnément les femmes. Ce juif s'attacha beaucoup à ma personne, mais il ne pouvait en triompher ; je lui ai mieux résisté qu'au soldat bulgare : une personne d'honneur peut être violée une fois, mais sa vertu s'en affermit.[2] Le juif, pour m'apprivoiser, me mena dans cette maison de campagne que vous voyez. J'avais cru jusque-là qu'il n'y avait rien sur la terre de si beau que le château de Thunder-ten-tronckh ; j'ai été détrompée.

« Le grand inquisiteur m'aperçut un jour à la messe ; il me lorgna beaucoup, et me fit dire qu'il avait à me parler pour des affaires secrètes. Je fus conduite à son palais ; je lui appris ma naissance ; il me représenta combien il était au-dessous de mon rang d'appartenir à un Israélite. On proposa de sa part à don Issachar de me céder à monseigneur. Don Issachar, qui est le banquier de la cour, et homme de crédit, n'en voulut rien faire. L'inquisiteur le menaça d'un auto-da-fé. Enfin mon juif intimidé conclut

un marché par lequel la maison et moi leur appartiendraient à tous deux en commun ; que le juif aurait pour lui les lundis, mercredis et le jour du sabbat, et que l'inquisiteur aurait les autres jours de la semaine. Il y a six mois que cette convention subsiste. Ce n'a pas été sans querelles ; car souvent il a été indécis si la nuit du samedi au dimanche appartenait à l'ancienne loi ou à la nouvelle. Pour moi, j'ai résisté jusqu'à présent à toutes les deux ; et je crois que c'est pour cette raison que j'ai toujours été aimée.[3]

« Enfin, pour détourner le fléau des tremblements de terre, et pour intimider don Issachar, il plut à monseigneur l'inquisiteur de célébrer un auto-da-fé.[4] Il me fit l'honneur de m'y inviter. Je fus très bien placée ; on servit aux dames des rafraîchissements entre la messe et l'exécution. Je fus, à la vérité, saisie d'horreur en voyant brûler ces deux juifs et cet honnête Biscayen qui avait épousé sa commère : mais quelle fut ma surprise, mon effroi, mon trouble, quand je vis dans un san-benito, et sous une mitre, une figure qui ressemblait à celle de Pangloss ! Je me frottai les yeux, je regardai attentivement, je le vis pendre ; je tombai en faiblesse. A peine reprenais-je mes sens, que je vous vis dépouillé tout nu ; ce fut là le comble de l'horreur, de la consternation, de la douleur, du désespoir. Je vous dirai, avec vérité, que votre peau est encore plus blanche, et d'un incarnat plus parfait que celle de mon capitaine des Bulgares. Cette vue redoubla tous les sentiments qui m'accablaient, qui me dévoraient. Je m'écriai, je voulus dire : « Arrêtez, barbares ! » mais la voix me manqua, et mes cris auraient été inutiles. Quand vous eûtes été bien fessé : « Comment se peut-il faire, disais-je, que l'aimable Candide et le sage Pangloss se trouvent à Lisbonne, l'un pour recevoir cent coups de fouet, et l'autre pour être pendu par l'ordre de monseigneur l'inquisiteur, dont je suis la bien-aimée ? Pangloss m'a donc bien cruellement trompée, quand il me disait que tout va le mieux du monde ! »

« Agitée, éperdue, tantôt hors de moi-même, et tantôt prête de mourir de faiblesse, j'avais la tête remplie du massacre de mon père, de ma mère, de mon frère, de l'insolence de mon vilain soldat bulgare, du coup de couteau qu'il me donna, de ma servitude, de mon métier de cuisinière, de

mon capitaine bulgare, de mon vilain don Issachar, de mon abominable inquisiteur, de la pendaison du docteur Pangloss, de ce grand *miserere* en faux-bourdon⁵ pendant lequel on vous fessait, et surtout du baiser que je vous avais donné derrière un paravent le jour que je vous avais vu pour la dernière fois. Je louai Dieu, qui vous ramenait à moi par tant d'épreuves. Je recommandai à ma vieille d'avoir soin de vous, et de vous amener ici dès qu'elle le pourrait. Elle a très bien exécuté ma commission ; j'ai goûté le plaisir inexprimable de vous revoir, de vous entendre, de vous parler. Vous devez avoir une faim dévorante ; j'ai grand appétit ; commençons par souper.»⁶

Les voilà qui se mettent tous deux à table ; et, après le souper, ils se replacent sur ce beau canapé dont on a déjà parlé ; ils y étaient quand le signor don Issachar, l'un des maîtres de la maison, arriva. C'était le jour du sabbat. Il venait jouir de ses droits, et expliquer son tendre amour.

CHAPITRE IX

CE QUI ADVINT DE CUNÉGONDE, DE CANDIDE, DU GRAND INQUISITEUR ET D'UN JUIF

CET Issachar était le plus colérique Hébreu qu'on eût vu dans Israël, depuis la captivité en Babylone. « Quoi ! dit-il, chienne de Galiléenne, ce n'est pas assez de monsieur l'inquisiteur ? Il faut que ce coquin partage aussi avec moi ? » En disant cela il tire un long poignard dont il était toujours pourvu, et, ne croyant pas que son adverse partie eût des armes, il se jette sur Candide ; mais notre bon Westphalien avait reçu une belle épée de la vieille avec l'habit complet. Il tire son épée, quoiqu'il eût les mœurs fort douces, et vous étend l'Israélite roide mort sur le carreau, aux pieds de la belle Cunégonde.

« Sainte Vierge ! s'écria-t-elle, qu'allons-nous devenir ? un homme tué chez moi ! si la justice vient, nous sommes perdus. — Si Pangloss n'avait pas été pendu, dit Candide, il nous donnerait un bon conseil dans cette extrémité, car c'était un grand philosophe. A son défaut, consultons la

vieille.» Elle était fort prudente, et commençait à dire son avis quand une autre petite porte s'ouvrit. Il était une heure après minuit, c'était le commencement du dimanche. Ce jour appartenait à monseigneur l'inquisiteur. Il entre et voit le fessé Candide, l'épée à la main, un mort étendu par terre, Cunégonde effarée, et la vieille donnant des conseils.

Voici dans ce moment ce qui se passa dans l'âme de Candide et comment il raisonna : « Si ce saint homme appelle du secours, il me fera infailliblement brûler, il pourra en faire autant de Cunégonde ; il m'a fait fouetter impitoyablement ; il est mon rival ; je suis en train de tuer, il n'y a pas à balancer.» Ce raisonnement fut net et rapide ; et, sans donner le temps à l'inquisiteur de revenir de sa surprise, il le perce d'outre en outre, et le jette à côté du juif. « En voici bien d'une autre, dit Cunégonde ; il n'y a plus de rémission ; nous sommes excommuniés, notre dernière heure est venue ! Comment avez-vous fait, vous qui êtes né si doux, pour tuer en deux minutes un juif et un prélat ? — Ma belle demoiselle, répondit Candide, quand on est amoureux, jaloux et fouetté par l'inquisition, on ne se connaît plus.»[1]

La vieille prit alors la parole, et dit : « Il y a trois chevaux andalous dans l'écurie, avec leurs selles et leurs brides ; que le brave Candide les prépare ; madame a des moyadors[2] et des diamants, montons vite à cheval, quoique je ne puisse me tenir que sur une fesse, et allons à Cadix ; il fait le plus beau temps du monde, et c'est un grand plaisir de voyager pendant la fraîcheur de la nuit.»

Aussitôt Candide selle les trois chevaux ; Cunégonde, la vieille et lui, font trente milles d'une traite. Pendant qu'ils s'éloignaient, la sainte Hermandad[3] arrive dans la maison ; on enterre monseigneur dans une belle église, et on jette Issachar à la voirie.

Candide, Cunégonde et la vieille étaient déjà dans la petite ville d'Avacéna, au milieu des montagnes de la Sierra Morena,[4] et ils parlaient ainsi dans un cabaret.

CHAPITRE X

DANS QUELLE DÉTRESSE CANDIDE, CUNÉGONDE ET LA VIEILLE ARRIVENT A CADIX, ET DE LEUR EMBARQUEMENT

« Qui a donc pu me voler mes pistoles[1] et mes diamants ? disait en pleurant Cunégonde ; de quoi vivrons-nous ? comment ferons-nous ? où trouver des inquisiteurs et des juifs qui m'en donnent d'autres ? — Hélas ! dit la vieille, je soupçonne fort un révérend père cordelier,[2] qui coucha hier dans la même auberge que nous à Badajoz ; Dieu me garde de faire un jugement téméraire ! mais il entra deux fois dans notre chambre, et il partit longtemps avant nous. — Hélas ! dit Candide, le bon Pangloss m'avait souvent prouvé que les biens de la terre sont communs à tous les hommes, que chacun y a un droit égal.[3] Ce cordelier devait bien, suivant ces principes, nous laisser de quoi achever notre voyage. Il ne vous reste donc rien du tout, ma belle Cunégonde ? — Pas un maravédis,[4] dit-elle. — Quel parti prendre ? dit Candide. — Vendons un des chevaux, dit la vieille ; je monterai en croupe derrière mademoiselle, quoique je ne puisse me tenir que sur une fesse, et nous arriverons à Cadix. »

Il y avait dans la même hôtellerie un prieur de bénédictins ; il acheta le cheval bon marché. Candide, Cunégonde et la vieille passèrent par Lucena, par Chillas, par Lebrixa, et arrivèrent enfin à Cadix.[5] On y équipait une flotte,[6] et on y assemblait des troupes pour mettre à la raison les révérends pères jésuites du Paraguay, qu'on accusait d'avoir fait révolter une de leurs hordes contre les rois d'Espagne et de Portugal, auprès de la ville du Saint-Sacrement.[7] Candide, ayant servi chez les Bulgares, fit l'exercice bulgarien devant le général de la petite armée avec tant de grâce, de célérité, d'adresse, de fierté, d'agilité, qu'on lui donna une compagnie d'infanterie à commander. Le voilà capitaine ; il s'embarque avec Mlle Cunégonde, la vieille, deux valets, et les deux chevaux andalous qui avaient appartenu à M. le grand inquisiteur de Portugal.

Pendant toute la traversée ils raisonnèrent beaucoup sur la philosophie du pauvre Pangloss. « Nous allons dans un autre univers, disait Candide ; c'est dans celui-là, sans doute,

que tout est bien : car il faut avouer qu'on pourrait gémir un peu de ce qui se passe dans le nôtre en physique et en morale.

— Je vous aime de tout mon cœur, disait Cunégonde ; mais j'ai encore l'âme tout effarouchée de ce que j'ai vu, de ce que j'ai éprouvé. — Tout ira bien, répliquait Candide ; la mer de ce nouveau monde vaut déjà mieux que les mers de notre Europe ; elle est plus calme, les vents plus constants. C'est certainement le nouveau monde qui est le meilleur des univers possibles. — Dieu le veuille ! disait Cunégonde, mais j'ai été si horriblement malheureuse dans le mien, que mon cœur est presque fermé à l'espérance. — Vous vous plaignez ! leur dit la vieille ; hélas ! vous n'avez pas éprouvé des infortunes telles que les miennes.» Cunégonde se mit presque à rire, et trouva cette bonne femme fort plaisante de prétendre être plus malheureuse qu'elle. « Hélas ! lui dit-elle, ma bonne, à moins que vous n'ayez été violée par deux Bulgares, que vous n'ayez reçu deux coups de couteau dans le ventre, qu'on n'ait démoli deux de vos châteaux, qu'on n'ait égorgé à vos yeux deux mères et deux pères, et que vous n'ayez vu deux de vos amants fouettés dans un auto-da-fé, je ne vois pas que vous puissiez l'emporter sur moi ; ajoutez que je suis née baronne avec soixante et douze quartiers, et que j'ai été cuisinière. — Mademoiselle, répondit la vieille, vous ne savez pas quelle est ma naissance ; et si je vous montrais mon derrière, vous ne parleriez pas comme vous faites, et vous suspendriez votre jugement.» Ce discours fit naître une extrême curiosité dans l'esprit de Cunégonde et de Candide. La vieille leur parla en ces termes.

CHAPITRE XI

HISTOIRE DE LA VIEILLE

« Je n'ai pas eu toujours les yeux éraillés et bordés d'écarlate ; mon nez n'a pas toujours touché à mon menton, et je n'ai pas toujours été servante. Je suis la fille du pape Urbain X[1] et de la princesse de Palestrine.*[2] On m'éleva jusqu'à qua-

* Voyez l'extrême discrétion de l'auteur ! Il n'y eut jusqu'à présent aucun pape nommé Urbain X ; il craint de donner une bâtarde à un pape connu. Quelle circonspection ! quelle délicatesse de conscience!

torze ans dans un palais auquel tous les châteaux de vos barons allemands n'auraient pas servi d'écurie ; et une de mes robes valait mieux que toutes les magnificences de la Westphalie. Je croissais en beauté, en grâces, en talents, au milieu des plaisirs, des respects et des espérances : j'inspirais déjà de l'amour ; ma gorge se formait ; et quelle gorge ! blanche, ferme, taillée comme celle de la Vénus de Médicis[3] ; et quels yeux ! quelles paupières ! quels sourcils noirs ! quelles flammes brillaient dans mes deux prunelles, et effaçaient la scintillation des étoiles ! comme me disaient les poètes du quartier.[4] Les femmes qui m'habillaient et qui me déshabillaient tombaient en extase en me regardant par devant et par derrière ; et tous les hommes auraient voulu être à leur place.

« Je fus fiancée à un prince souverain de Massa-Carrara[5] ; quel prince ! aussi beau que moi, pétri de douceur et d'agréments, brillant d'esprit et brûlant d'amour : je l'aimais comme on aime pour la première fois, avec idolâtrie, avec emportement. Les noces furent préparées : c'était une pompe, une magnificence inouïe ; c'étaient des fêtes, des carrousels,[6] des opéra-buffa continuels ; et toute l'Italie fit pour moi des sonnets dont il n'y eut pas un seul de passable.[7] Je touchais au moment de mon bonheur, quand une vieille marquise, qui avait été maîtresse de mon prince, l'invita à prendre du chocolat[8] chez elle ; il mourut en moins de deux heures avec des convulsions épouvantables ; mais ce n'est qu'une bagatelle.[9] Ma mère, au désespoir et bien moins affligée que moi, voulut s'arracher pour quelque temps à un séjour si funeste. Elle avait une très belle terre auprès de Gaïète[10]: nous nous embarquâmes sur une galère du pays, dorée comme l'autel de Saint-Pierre de Rome. Voilà qu'un corsaire de Salé[11] fond sur nous et nous aborde : nos soldats se défendirent comme des soldats du pape ; ils se mirent tous à genoux en jetant leurs armes, et en demandant au corsaire une absolution *in articulo mortis*.[12]

« Aussitôt on les dépouilla nus comme des singes, et ma mère aussi, nos filles d'honneur aussi, et moi aussi. C'est une chose admirable que la diligence avec laquelle ces messieurs déshabillent le monde ; mais ce qui me surprit davantage, c'est qu'ils nous mirent à tous le doigt dans un

endroit où nous autres femmes nous ne nous laissons mettre d'ordinaire que des canules. Cette cérémonie me paraissait bien étrange : voilà comme on juge de tout quand on n'est pas sorti de son pays. J'appris bientôt que c'était pour voir si nous n'avions pas caché là quelques diamants ; c'est un usage établi de temps immémorial parmi les nations policées qui courent sur mer. J'ai su que messieurs les religieux chevaliers de Malte[13] n'y manquent jamais quand ils prennent des Turcs et des Turques ; c'est une loi du droit des gens[14] à laquelle on n'a jamais dérogé.

« Je ne vous dirai point combien il est dur pour une jeune princesse d'être menée esclave à Maroc avec sa mère : vous concevez assez tout ce que nous eûmes à souffrir dans le vaisseau corsaire. Ma mère était encore très belle ; nos filles d'honneur, nos simples femmes de chambre avaient plus de charmes qu'on n'en peut trouver dans toute l'Afrique ; pour moi, j'étais ravissante, j'étais la beauté, la grâce même, et j'étais pucelle : je ne le fus pas longtemps ; cette fleur, qui avait été réservée pour le beau prince de Massa-Carrara, me fut ravie par le capitaine corsaire ; c'était un nègre abominable, qui croyait encore me faire beaucoup d'honneur. Certes il fallait que Mme la princesse de Palestrine et moi fussions bien fortes pour résister à tout ce que nous éprouvâmes jusqu'à notre arrivée à Maroc ! Mais passons ; ce sont des choses si communes, qu'elles ne valent pas la peine qu'on en parle.

« Maroc nageait dans le sang quand nous arrivâmes. Cinquante fils de l'empereur Muley Ismaël[15] avaient chacun leur parti ; ce qui produisait en effet cinquante guerres civiles, de noirs contre noirs, de noirs contre basanés, de basanés contre basanés, de mulâtres contre mulâtres : c'était un carnage continuel dans toute l'étendue de l'empire.

« A peine fûmes-nous débarquées, que des noirs d'une faction ennemie de celle de mon corsaire se présentèrent pour lui enlever son butin. Nous étions, après les diamants et l'or, ce qu'il avait de plus précieux. Je fus témoin d'un combat tel que vous n'en voyez jamais dans vos climats d'Europe. Les peuples septentrionaux n'ont pas le sang assez ardent ; ils n'ont pas la rage des femmes au point où elle est commune en Afrique. Il semble que vos Européens

aient du lait dans les veines ; c'est du vitriol, c'est du feu qui coule dans celles des habitants du mont Atlas et des pays voisins. On combattit avec la fureur des lions, des tigres et des serpents de la contrée, pour savoir à qui nous aurait. Un Maure saisit ma mère par le bras droit, le lieutenant de mon capitaine la retint par le bras gauche ; un soldat maure la prit par une jambe, un de nos pirates la tenait par l'autre. Nos filles se trouvèrent presque toutes en un moment tirées ainsi à quatre soldats. Mon capitaine me tenait cachée derrière lui ; il avait le cimeterre au poing, et tuait tout ce qui s'opposait à sa rage. Enfin je vis toutes nos Italiennes et ma mère déchirées, coupées, massacrées par les monstres qui se les disputaient. Les captifs, mes compagnons, ceux qui les avaient pris, soldats, matelots, noirs, blancs, mulâtres, et enfin mon capitaine, tout fut tué, et je demeurai mourante sur un tas de morts. Des scènes pareilles se passaient, comme on sait, dans l'étendue de plus de trois cents lieues, sans qu'on manquât aux cinq prières par jour ordonnées par Mahomet.[16]

« Je me débarrassai avec beaucoup de peine de la foule de tant de cadavres sanglants entassés, et je me traînai sous un grand oranger au bord d'un ruisseau voisin ; j'y tombai d'effroi, de lassitude, d'horreur, de désespoir et de faim. Bientôt après mes sens accablés se livrèrent à un sommeil qui tenait plus de l'évanouissement que du repos. J'étais dans cet état de faiblesse et d'insensibilité, entre la mort et la vie, quand je me sentis pressée de quelque chose qui s'agitait sur mon corps ; j'ouvris les yeux, je vis un homme blanc et de bonne mine qui soupirait et qui disait entre ses dents : *O che sciagura d'essere senza coglioni !* [17]

CHAPITRE XII

SUITE DES MALHEURS DE LA VIEILLE

« ÉTONNÉE et ravie d'entendre la langue de ma patrie, et non moins surprise des paroles que proférait cet homme,[1] je lui répondis qu'il y avait de plus grands malheurs que celui dont il se plaignait ; je l'instruisis en peu de mots des hor-

reurs que j'avais essuyées, et je retombai en faiblesse. Il m'emporta dans une maison voisine, me fit mettre au lit, me fit donner à manger, me servit, me consola, me flatta, me dit qu'il n'avait rien vu de si beau que moi, et que jamais il n'avait tant regretté ce que personne ne pouvait lui rendre. « Je suis né à Naples, me dit-il ; on y chaponne deux ou trois mille enfants tous les ans[2] ; les uns en meurent, les autres acquièrent une voix plus belle que celle des femmes, les autres vont gouverner des États.[3] On me fit cette opération avec un très grand succès, et j'ai été musicien de la chapelle de Mme la princesse de Palestrine. — De ma mère ! m'écriai-je. — De votre mère ! s'écria-t-il en pleurant ; quoi, vous seriez cette jeune princesse que j'ai élevée jusqu'à l'âge de six ans, et qui promettait déjà d'être aussi belle que vous êtes ? — C'est moi-même ; ma mère est à quatre cents pas d'ici coupée en quartiers sous un tas de morts.»

« Je lui contai tout ce qui m'était arrivé ; il me conta aussi ses aventures, et m'apprit comment il avait été envoyé chez le roi de Maroc par une puissance chrétienne, pour conclure avec ce monarque un traité par lequel on lui fournirait de la poudre, des canons et des vaisseaux, pour l'aider à exterminer le commerce des autres chrétiens.[4] « Ma mission est faite, me dit cet honnête eunuque ; je vais m'embarquer à Ceuta, et je vous ramènerai en Italie. *Ma che sciagura d'essere senza coglioni !* »

« Je le remerciai avec des larmes d'attendrissement ; et au lieu de me mener en Italie, il me conduisit à Alger, et me vendit au dey[5] de cette province. A peine fus-je vendue, que cette peste qui a fait le tour de l'Afrique, de l'Asie et de l'Europe, se déclara dans Alger avec fureur. Vous avez vu des tremblements de terre ; mais, mademoiselle, avez-vous jamais eu la peste ? — Jamais, répondit la baronne.

— Si vous l'aviez eue, reprit la vieille, vous avoueriez qu'elle est bien au-dessus d'un tremblement de terre. Elle est fort commune en Afrique ; j'en fus attaquée. Figurez-vous quelle situation pour la fille d'un pape, âgée de quinze ans, qui en trois mois de temps avait éprouvé la pauvreté, l'esclavage, avait été violée presque tous les jours, avait vu couper sa mère en quatre, avait essuyé la faim et la guerre, et mourait pestiférée dans Alger ! Je n'en mourus pourtant

pas ; mais mon eunuque et le dey, et presque tout le sérail d'Alger périrent.

« Quand les premiers ravages de cette épouvantable peste furent passés, on vendit les esclaves du dey. Un marchand m'acheta, et me mena à Tunis ; il me vendit à un autre marchand qui me revendit à Tripoli ; de Tripoli je fus revendue à Alexandrie ; d'Alexandrie, revendue à Smyrne ; de Smyrne à Constantinople. J'appartins enfin à un aga[6] des janissaires, qui fut bientôt commandé pour aller défendre Azof contre les Russes qui l'assiégeaient.[7]

« L'aga, qui était un très galant homme, mena avec lui tout son sérail, et nous logea dans un petit fort sur les Palus-Méotides,[8] gardé par deux eunuques noirs et vingt soldats. On tua prodigieusement de Russes, mais ils nous le rendirent bien : Azof fut mis à feu et à sang, et on ne pardonna ni au sexe, ni à l'âge ; il ne resta que notre petit fort ; les ennemis voulurent nous prendre par famine. Les vingt janissaires avaient juré de ne se jamais rendre. Les extrémités de la faim où ils furent réduits les contraignirent à manger nos deux eunuques, de peur de violer leur serment. Au bout de quelques jours ils résolurent de manger les femmes.

« Nous avions un iman[9] très pieux et très compatissant, qui leur fit un beau sermon par lequel il leur persuada de ne nous pas tuer tout à fait. « Coupez, dit-il, seulement une fesse à chacune de ces dames,[10] vous ferez très bonne chère ; s'il faut y revenir, vous en aurez encore autant dans quelques jours ; le ciel vous saura gré d'une action si charitable et vous serez secourus. »

« Il avait beaucoup d'éloquence ; il les persuada ; on nous fit cette horrible opération ; l'iman nous appliqua le même baume qu'on met aux enfants qu'on vient de circoncire : nous étions toutes à la mort.

« A peine les janissaires eurent-ils fait le repas que nous leur avions fourni, que les Russes arrivent sur des bateaux plats ; il ne réchappa pas un janissaire. Les Russes ne firent aucune attention à l'état où nous étions. Il y a partout des chirurgiens français : un d'eux qui était fort adroit prit soin de nous, il nous guérit ; et je me souviendrai toute ma vie que quand mes plaies furent bien fermées, il me fit des propositions. Au reste, il nous dit à toutes de nous consoler ;

il nous assura que dans plusieurs sièges pareille chose était arrivée, et que c'était la loi de la guerre.

« Dès que mes compagnes purent marcher, on les fit aller à Moscou ; j'échus en partage à un boïard[11] qui me fit sa jardinière, et qui me donnait vingt coups de fouet par jour ; mais ce seigneur ayant été roué au bout de deux ans avec une trentaine de boïards pour quelque tracasserie de cour,[12] je profitai de cette aventure ; je m'enfuis ; je traversai toute la Russie ; je fus longtemps servante de cabaret à Riga, puis à Rostock, à Vismar, à Leipsick, à Cassel, à Utrecht, à Leyde, à La Haye, à Rotterdam : j'ai vieilli dans la misère et dans l'opprobre, n'ayant que la moitié d'un derrière, me souvenant toujours que j'étais fille d'un pape ; je voulus cent fois me tuer, mais j'aimais encore la vie.[13] Cette faiblesse ridicule est peut-être un de nos penchants les plus funestes ; car y a-t-il rien de plus sot que de vouloir porter continuellement un fardeau qu'on veut toujours jeter par terre ; d'avoir son être en horreur, et de tenir à son être ; enfin de caresser le serpent qui nous dévore, jusqu'à ce qu'il nous ait mangé le cœur ? »

« J'ai vu dans les pays que le sort m'a fait parcourir, et dans les cabarets où j'ai servi, un nombre prodigieux de personnes qui avaient leur existence en exécration ; mais je n'en ai vu que douze qui aient mis volontairement fin à leur misère, trois nègres, quatre Anglais,[14] quatre Genevois,[15] et un professeur allemand nommé Robeck.[16] J'ai fini par être servante chez le juif don Issachar ; il me mit auprès de vous, ma belle demoiselle ; je me suis attachée à votre destinée, et j'ai été plus occupée de vos aventures que des miennes. Je ne vous aurais même jamais parlé de mes malheurs, si vous ne m'aviez pas un peu piquée, et s'il n'était d'usage, dans un vaisseau, de conter des histoires pour se désennuyer. Enfin, mademoiselle, j'ai de l'expérience, je connais le monde ; donnez-vous un plaisir, engagez chaque passager à vous conter son histoire, et s'il s'en trouve un seul qui n'ait souvent maudit sa vie, qui ne se soit souvent dit à lui-même qu'il était le plus malheureux des hommes, jetez-moi dans la mer la tête la première. »

CHAPITRE XIII

COMMENT CANDIDE FUT OBLIGÉ DE SE SÉPARER DE LA BELLE
CUNÉGONDE ET DE LA VIEILLE

LA belle Cunégonde, ayant entendu l'histoire de la vieille,
lui fit toutes les politesses qu'on devait à une personne de son
rang et de son mérite. Elle accepta la proposition ; elle
engagea tous les passagers, l'un après l'autre, à lui conter
leurs aventures. Candide et elle avouèrent que la vieille
avait raison. « C'est bien dommage, disait Candide, que le
sage Pangloss ait été pendu contre la coutume dans un auto-
da-fé ; il nous dirait des choses admirables sur le mal physi-
que et sur le mal moral qui couvrent la terre et la mer, et je
me sentirais assez de force pour oser lui faire respectueuse-
ment quelques objections. »

A mesure que chacun racontait son histoire, le vaisseau
avançait. On aborda dans Buenos-Ayres. Cunégonde, le
capitaine Candide et la vieille allèrent chez le gouverneur don
Fernando d'Ibaraa y Figueora y Mascarenes y Lampourdos y
Souza.¹ Ce seigneur avait une fierté convenable à un
homme qui portait tant de noms. Il parlait aux hommes
avec le dédain le plus noble, portait le nez si haut, élevant
si impitoyablement la voix, prenant un ton si imposant, affec-
tant une démarche si altière, que tous ceux qui le saluaient
étaient tentés de le battre. Il aimait les femmes à la fureur.
Cunégonde lui parut ce qu'il avait jamais vu de plus beau.
La première chose qu'il fit fut de demander si elle n'était
point la femme du capitaine. L'air dont il fit cette question
alarma Candide : il n'osa pas dire qu'elle était sa femme,
parce qu'en effet elle ne l'était point ; il n'osait pas dire que
c'était sa sœur, parce qu'elle ne l'était pas non plus ; et
quoique ce mensonge officieux eût été autrefois très à la
mode chez les anciens,² et qu'il pût être utile aux modernes,
son âme était trop pure pour trahir la vérité. « Mlle Cuné-
gonde, dit-il, doit me faire l'honneur de m'épouser, et nous
supplions Votre Excellence de daigner faire notre noce. »

Don Fernando d'Ibaraa y Figueora y Mascarenes y
Lampourdos y Souza, relevant sa moustache, sourit amère-
ment, et ordonna au capitaine Candide d'aller faire la revue
de sa compagnie. Candide obéit ; le gouverneur demeura

avec Mlle Cunégonde. Il lui déclara sa passion, lui protesta que, le lendemain, il l'épouserait à la face de l'Église ou autrement, ainsi qu'il plairait à ses charmes. Cunégonde lui demanda un quart d'heure[3] pour se recueillir, pour consulter la vieille et pour se déterminer.

La vieille dit à Cunégonde : « Mademoiselle, vous avez soixante et douze quartiers et pas une obole ; il ne tient qu'à vous d'être la femme du plus grand seigneur de l'Amérique méridionale, qui a une très belle moustache. Est-ce à vous de vous piquer d'une fidélité à toute épreuve ? Vous avez été violée par les Bulgares, un juif et un inquisiteur ont eu vos bonnes grâces :[4] les malheurs donnent des droits. J'avoue que, si j'étais à votre place, je ne ferais aucun scrupule d'épouser M. le gouverneur, et de faire la fortune de M. le capitaine Candide. » Tandis que la vieille parlait avec toute la prudence que l'âge et l'expérience donnent, on vit entrer dans le port un petit vaisseau ; il portait un alcade[5] et des alguazils[6] ; et voici ce qui était arrivé :

La vieille avait très bien deviné que ce fut un cordelier à la grande manche qui vola l'argent et les bijoux de Cunégonde dans la ville de Badajoz, lorsqu'elle fuyait en hâte avec Candide. Ce moine voulut vendre quelques-unes des pierreries à un joaillier. Le marchand les reconnut pour celles du grand inquisiteur. Le cordelier, avant d'être pendu, avoua qu'il les avait volées : il indiqua les personnes et la route qu'elles prenaient. La fuite de Cunégonde et de Candide était déjà connue. On les suivit à Cadix : on envoya, sans perdre temps, un vaisseau à leur poursuite. Le vaisseau était déjà dans le port de Buenos-Ayres. Le bruit se répandit qu'un alcade allait débarquer, et qu'on poursuivait les meurtriers de Mgr le grand inquisiteur. La prudente vieille vit dans l'instant tout ce qui était à faire. « Vous ne pouvez fuir, dit-elle à Cunégonde, et vous n'avez rien à craindre ; ce n'est pas vous qui avez tué monseigneur ; et d'ailleurs le gouverneur, qui vous aime, ne souffrira pas qu'on vous maltraite... demeurez. » Elle court sur-le-champ à Candide : « Fuyez, dit-elle, ou dans une heure vous allez être brûlé. » Il n'y avait pas un moment à perdre . . . mais comment se séparer de Cunégonde, et où se réfugier ? . . .

CHAPITRE XIV

COMMENT CANDIDE ET CACAMBO FURENT REÇUS CHEZ LES JÉSUITES DU PARAGUAY

CANDIDE avait amené de Cadix un valet tel qu'on en trouve beaucoup sur les côtes d'Espagne et dans les colonies. C'était un quart d'Espagnol, né d'un métis dans le Tucuman.[1] Il avait été enfant de chœur, sacristain, matelot, moine, facteur, soldat, laquais. Il s'appelait Cacambo, et aimait fort son maître, parce que son maître était un fort bon homme. Il sella au plus vite les deux chevaux andalous. « Allons, mon maître, suivons le conseil de la vieille ; partons, et courons sans regarder derrière nous.» Candide versa des larmes. « O ma chère Cunégonde ! faut-il vous abandonner dans le temps que M. le gouverneur va faire nos noces ! . . . Cunégonde, amenée de si loin, que deviendrez-vous ? — Elle deviendra ce qu'elle pourra, dit Cacambo ; les femmes ne sont jamais embarrassées d'elles ; Dieu y pourvoit . . . courons. — Où me mènes-tu ? où allons-nous ? que ferons-nous sans Cunégonde ? disait Candide. — Par saint Jacques de Compostelle ! dit Cacambo, vous alliez faire la guerre aux jésuites, allons la faire pour eux. Je sais assez les chemins, je vous mènerai dans leur royaume ; ils seront charmés d'avoir un capitaine qui fasse l'exercice à la bulgare ; vous ferez une fortune prodigieuse quand on n'a pas son compte dans un monde, on le trouve dans un autre. C'est un très grand plaisir de voir et de faire des choses nouvelles.

— Tu as donc été déjà dans le Paraguay ?[2] dit Candide. — Eh ! vraiment oui, dit Cacambo ; j'ai été cuistre[3] dans le collège de l'Assomption, et je connais le gouvernement de los padres comme je connais les rues de Cadix. C'est une chose admirable que ce gouvernement. Le royaume[4] a déjà plus de trois cents lieues de diamètre ; il est divisé en trente provinces. Los padres y ont tout, et les peuples rien ; c'est le chef-d'œuvre de la raison et de la justice.[5] Pour moi, je ne vois rien de si divin que los padres, qui font ici la guerre au roi d'Espagne et au roi de Portugal, et qui, en Europe, confessent ces rois ; qui tuent ici des Espagnols, et qui, à Madrid, les envoient au ciel.[6] Cela me ravit . . . Avançons. Vous allez être le plus heureux de tous les hommes. Quel

plaisir auront los padres, quand ils sauront qu'il leur vient un capitaine qui sait l'exercice bulgare ! »

Dès qu'ils furent arrivés à la première barrière, Cacambo dit à la garde avancée qu'un capitaine demandait à parler à Mgr le commandant. On alla avertir la grand'garde. Un officier paraguain courut aux pieds du commandant lui donner part de la nouvelle. Candide et Cacambo furent d'abord désarmés ; on se saisit de leurs deux chevaux andalous. Les deux étrangers sont introduits au milieu de deux files de soldats ; le commandant était au bout, le bonnet à trois cornes en tête, la robe retroussée, l'épée au côté, l'esponton[7] à la main. Il fit un signe ; aussitôt vingt-quatre soldats entourent les deux nouveaux venus. Un sergent leur dit qu'il faut attendre, que le commandant ne peut leur parler, que le révérend père provincial[8] ne permet pas qu'aucun Espagnol ouvre la bouche qu'en sa présence et demeure plus de trois heures dans le pays.[9] « Et où est le révérend père provincial? dit Cacambo. — Il est à la parade après avoir dit sa messe, dit le sergent, et vous ne pourrez baiser ses éperons que dans trois heures. — Mais, dit Cacambo, M. le capitaine, qui meurt de faim comme moi, n'est point Espagnol : il est Allemand. . . . Ne pourrions-nous point déjeuner en attendant Sa Révérence ? »

Le sergent alla sur-le-champ rendre compte de ce discours au commandant. « Dieu soit béni ! dit ce seigneur, puisqu'il est Allemand, je peux lui parler ; qu'on le mène dans ma feuillée.» Aussitôt on conduit Candide dans un cabinet de verdure, orné d'une très jolie colonnade de marbre vert et or, et de treillages qui renfermaient des perroquets, des colibris, des oiseaux-mouches, des pintades, et tous les oiseaux les plus rares. Un excellent déjeuner était préparé dans des vases d'or, et tandis que les Paraguains mangèrent du maïs dans des écuelles de bois, en plein champ, à l'ardeur du soleil, le révérend père commandant entra dans la feuillée.

C'était un très beau jeune homme, le visage plein, assez blanc, haut en couleur, le sourcil relevé, l'œil vif, l'oreille rouge, les lèvres vermeilles, l'air fier, mais d'une fierté qui n'était ni celle d'un Espagnol ni celle d'un jésuite. On rendit à Candide et à Cacambo leurs armes, qu'on leur avait

saisies, ainsi que les deux chevaux andalous ; Cacambo leur fit manger l'avoine auprès de la feuillée, ayant toujours l'œil sur eux, crainte de surprise.

Candide baisa d'abord le bas de la robe du commandant, ensuite ils se mirent à table. « Vous êtes donc Allemand ? lui dit le jésuite en cette langue. — Oui, mon révérend père», dit Candide. L'un et l'autre, en prononçant ces paroles, se regardaient avec une extrême surprise, et une émotion dont ils n'étaient pas les maîtres. « Et de quel pays d'Allemagne êtes-vous ? dit le jésuite. — De la sale province de Westphalie, dit Candide ; je suis né dans le château de Thunder-ten-tronckh. — O ciel ! est-il possible ! s'écria le commandant. — Quel miracle! s'écria Candide. — Serait-ce vous? dit le commandant. — Cela n'est pas possible ! » dit Candide. Ils se laissent tomber tous deux à la renverse, ils s'embrassent, ils versent des ruisseaux de larmes. « Quoi ! serait-ce vous, mon révérend père ? vous, le frère de la belle Cunégonde ! vous qui fûtes tué par les Bulgares ! vous le fils de M. le baron ! vous jésuite au Paraguay ! Il faut avouer que ce monde est une étrange chose. O Pangloss ! Pangloss ! que vous seriez aise si vous n'aviez pas été pendu ! »[10]

Le commandant fit retirer les esclaves nègres et les Paraguains qui servaient à boire dans des gobelets de cristal de roche. Il remercia Dieu et saint Ignace[11] mille fois ; il serrait Candide entre ses bras, leurs visages étaient baignés de pleurs. « Vous seriez bien plus étonné, plus attendri, plus hors de vous-même, dit Candide, si je vous disais que Mlle Cunégonde, votre sœur, que vous avez crue éventrée, est pleine de santé. — Où ? — Dans votre voisinage, chez M. le gouverneur de Buenos-Ayres ; et je venais pour vous faire la guerre.» Chaque mot qu'ils prononcèrent dans cette longue conversation accumulait prodige sur prodige. Leur âme tout entière volait sur leur langue, était attentive dans leurs oreilles, et étincelante dans leurs yeux. Comme ils étaient Allemands, ils tinrent table longtemps, en attendant le révérend père provincial ; et le commandant parla ainsi à son cher Candide :

CHAPITRE XV

COMMENT CANDIDE TUA LE FRÈRE DE SA CHÈRE CUNÉGONDE

« J'aurai toute ma vie présent à la mémoire le jour horrible
où je vis tuer mon père et ma mère, et violer ma sœur.
Quand les Bulgares furent retirés, on ne trouva point cette
sœur adorable, et on mit dans une charrette ma mère, mon
père et moi, deux servantes et trois petits garçons égorgés,
pour nous aller enterrer dans une chapelle de jésuites, à deux
lieues du château de mes pères. Un jésuite nous jeta de l'eau
bénite ; elle était horriblement salée ; il en entra quelques
gouttes dans mes yeux ; le père s'aperçut que ma paupière
faisait un petit mouvement : il mit la main sur mon cœur, et
le sentit palpiter ; je fus secouru, et au bout de trois semaines
il n'y paraissait pas. Vous savez, mon cher Candide, que
j'étais fort joli ; je le devins encore davantage ; aussi le
révérend père Croust,[1] supérieur de la maison, prit pour
moi la plus tendre amitié. Il me donna l'habit de novice :
quelque temps après je fus envoyé à Rome. Le père général[2]
avait besoin d'une recrue de jeunes jésuites allemands. Les
souverains du Paraguay reçoivent le moins qu'ils peuvent
de jésuites espagnols ; ils aiment mieux les étrangers, dont
ils se croient plus maîtres. Je fus jugé propre par le révérend
père général pour aller travailler dans cette vigne. Nous
partîmes, un Polonais, un Tyrolien, et moi. Je fus honoré,
en arrivant, du sous-diaconat et d'une lieutenance : je suis
aujourd'hui colonel et prêtre. Nous recevons vigoureuse-
ment les troupes du roi d'Espagne ; je vous réponds qu'elles
seront excommuniées et battues. La Providence vous
envoie ici pour nous seconder. Mais est-il bien vrai que ma
chère sœur Cunégonde soit dans le voisinage, chez le gouver-
neur de Buenos-Ayres ? » Candide l'assura par serment que
rien n'était plus vrai. Leurs larmes recommencèrent à
couler.

Le baron ne pouvait se lasser d'embrasser Candide ; il
l'appelait son frère, son sauveur. « Ah ! peut-être, lui dit-il,
nous pourrons ensemble, mon cher Candide, entrer en
vainqueurs dans la ville, et reprendre ma sœur Cunégonde.
— C'est tout ce que je souhaite, dit Candide ; car je comptais
l'épouser, et je l'espère encore. — Vous, insolent ! répondit

le baron ; vous auriez l'impudence d'épouser ma sœur, qui a soixante et douze quartiers ! Je vous trouve bien effronté d'oser me parler d'un dessein si téméraire ! » Candide, pétrifié d'un tel discours, lui répondit : « Mon révérend père, tous les quartiers du monde n'y font rien ; j'ai tiré votre sœur des bras d'un juif et d'un inquisiteur ; elle m'a assez d'obligations, elle veut m'épouser. Maître Pangloss m'a toujours dit que les hommes sont égaux[3]; et assurément je l'épouserai. — C'est ce que nous verrons, coquin ! » dit le jésuite baron de Thunder-ten-tronckh ; et en même temps il lui donna un grand coup du plat de son épée sur le visage. Candide dans l'instant tire la sienne, et l'enfonce jusqu'à la garde dans le ventre du baron jésuite ; mais, en la retirant toute fumante, il se mit à pleurer : « Hélas ! mon Dieu, dit-il, j'ai tué mon ancien maître, mon ami, mon beau-frère ; je suis le meilleur homme du monde, et voilà déjà trois hommes que je tue ; et dans ces trois il y a deux prêtres. »

Cacambo, qui faisait sentinelle à la porte de la feuillée, accourut. « Il ne nous reste qu'à vendre cher notre vie, lui dit son maître ; on va sans doute entrer dans la feuillée ; il faut mourir les armes à la main. » Cacambo, qui en avait bien vu d'autres, ne perdit point la tête ; il prit la robe de jésuite que portait le baron, la mit sur le corps de Candide, lui donna le bonnet carré du mort, et le fit monter à cheval. Tout cela se fit en un clin d'œil. « Galopons, mon maître ; tout le monde vous prendra pour un jésuite qui va donner des ordres ; et nous aurons passé les frontières avant qu'on puisse courir après nous. » Il volait déjà en prononçant ces paroles, et en criant en espagnol : « Place, place pour le révérend père colonel ! »

CHAPITRE XVI

CE QUI ADVINT AUX DEUX VOYAGEURS AVEC DEUX FILLES, DEUX SINGES, ET LES SAUVAGES NOMMÉS OREILLONS

CANDIDE et son valet furent au delà des barrières, et personne ne savait encore dans le camp la mort du jésuite allemand. Le vigilant Cacambo avait eu soin de remplir sa

valise de pain, de chocolat, de jambon, de fruit, et de quel-
ques mesures de vin. Ils s'enfoncèrent avec leurs chevaux
andalous dans un pays inconnu où ils ne découvrirent
aucune route. Enfin une belle prairie entrecoupée de ruis-
seaux se présenta devant eux. Nos deux voyageurs font
repaître leurs montures. Cacambo propose à son maître de
manger, et lui en donne l'exemple. « Comment veux-tu,
disait Candide, que je mange du jambon, quand j'ai tué le
fils de M. le baron, et que je me vois condamné à ne revoir la
belle Cunégonde de ma vie ? A quoi me servira de pro-
longer mes misérables jours, puisque je dois les traîner loin
d'elle dans les remords et dans le désespoir ? et que dira le
Journal de Trévoux ? »[1]

En parlant ainsi, il ne laissa pas de manger.[2] Le soleil se
couchait. Les deux égarés entendirent quelques petits cris
qui paraissaient poussés par des femmes. Ils ne savaient si
ces cris étaient de douleur ou de joie ; mais ils se levèrent
précipitamment avec cette inquiétude et cette alarme que
tout inspire dans un pays inconnu. Ces clameurs partaient
de deux filles toutes nues qui couraient légèrement au bord
de la prairie, tandis que deux singes les suivaient en leur
mordant les fesses. Candide fut touché de pitié ; il avait
appris à tirer chez les Bulgares, et il aurait abattu une noisette
dans un buisson sans toucher aux feuilles. Il prend son fusil
espagnol à deux coups, tire, et tue les deux singes. « Dieu
soit loué, mon cher Cacambo ! j'ai délivré d'un grand péril
ces deux pauvres créatures : si j'ai commis un péché en tuant
un inquisiteur et un jésuite, je l'ai bien réparé en sauvant la
vie à deux filles. Ce sont peut-être deux demoiselles de
condition,[3] et cette aventure nous peut procurer de très
grands avantages dans le pays.»

Il allait continuer, mais sa langue devint percluse quand il
vit ces deux filles embrasser tendrement les deux singes,
fondre en larmes sur leurs corps, et remplir l'air des cris les
plus douloureux. « Je ne m'attendais pas à tant de bonté
d'âme », dit-il enfin à Cacambo, lequel lui répliqua : «Vous
avez fait là un beau chef-d'œuvre, mon maître, vous avez tué
les deux amants de ces demoiselles. — Leurs amants !
serait-il possible ? vous vous moquez de moi, Cacambo ; le
moyen de vous croire ? — Mon cher maître, repartit Ca-

cambo, vous êtes toujours étonné de tout ; pourquoi trouvez-vous si étrange que dans quelques pays il y ait des singes qui obtiennent les bonnes grâces des dames ? Ils sont des quarts d'homme, comme je suis un quart d'Espagnol. — Hélas ! reprit Candide, je me souviens d'avoir entendu dire à maître Pangloss qu'autrefois pareils accidents étaient arrivés, et que ces mélanges avaient produit des égypans, des faunes, des satyres ; que plusieurs grands personnages de l'antiquité en avaient vus ; mais je prenais cela pour des fables.⁴ — Vous devez être convaincu à présent, dit Cacambo, que c'est une vérité, et vous voyez comment en usent les personnes qui n'ont pas reçu une certaine éducation⁵ ; tout ce que je crains, c'est que ces dames ne nous fassent quelque méchante affaire.»

Ces réflexions solides engagèrent Candide à quitter la prairie, et à s'enfoncer dans un bois. Il y soupa avec Cacambo ; et tous deux, après avoir maudit l'inquisiteur de Portugal, le gouverneur de Buenos-Ayres et le baron, s'endormirent sur de la mousse. A leur réveil, ils sentirent qu'ils ne pouvaient remuer ; la raison en était que pendant la nuit les Oreillons,⁵ habitants du pays, à qui les deux dames les avaient dénoncés, les avaient garrottés avec des cordes d'écorces d'arbre. Ils étaient entourés d'une cinquantaine d'Oreillons tout nus, armés de flèches, de massues et de haches de caillou ; les uns faisaient bouillir une grande chaudière, les autres préparaient des broches, et tous criaient : « C'est un jésuite, c'est un jésuite ! nous serons vengés, et nous ferons bonne chère ; mangeons du jésuite, mangeons du jésuite !⁶

— Je vous l'avais bien dit, mon cher maître, s'écria tristement Cacambo, que ces deux filles nous joueraient d'un mauvais tour.» Candide, apercevant la chaudière et les broches, s'écria : «Nous allons certainement être rôtis ou bouillis Ah ! que dirait maître Pangloss, s'il voyait comme la pure nature est faite ?⁷ Tout est bien, soit ; mais j'avoue qu'il est bien cruel d'avoir perdu Mlle Cunégonde et d'être mis à la broche par des Oreillons.» Cacambo ne perdait jamais la tête. « Ne désespérez de rien, dit-il au désolé Candide ; j'entends un peu le jargon de ces peuples, je vais leur parler. — Ne manquez pas, dit Candide, de leur

représenter quelle est l'inhumanité affreuse de faire cuire des hommes, et combien cela est peu chrétien.

— Messieurs, dit Cacambo, vous comptez donc manger aujourd'hui un jésuite ? c'est très bien fait ; rien n'est plus juste que de traiter ainsi ses ennemis. En effet le droit naturel nous enseigne à tuer notre prochain, et c'est ainsi qu'on en agit dans toute la terre. Si nous n'usons pas du droit de le manger, c'est que nous avons d'ailleurs de quoi faire bonne chère ; mais vous n'avez pas les mêmes ressources que nous : certainement il vaut mieux manger ses ennemis que d'abandonner aux corbeaux et aux corneilles le fruit de sa victoire.[8] Mais, messieurs, vous ne voudriez pas manger vos amis. Vous croyez aller mettre un jésuite en broche, et c'est votre défenseur, c'est l'ennemi de vos ennemis que vous allez rôtir. Pour moi, je suis né dans votre pays ; monsieur que vous voyez est mon maître, et bien loin d'être jésuite il vient de tuer un jésuite, il en porte les dépouilles ; voilà le sujet de votre méprise. Pour vérifier ce que je vous dis, prenez sa robe, portez-la à la première barrière du royaume de los padres ; informez-vous si mon maître n'a pas tué un officier jésuite. Il vous faudra peu de temps ; vous pourrez toujours nous manger, si vous trouvez que je vous ai menti. Mais, si je vous ai dit la vérité, vous connaissez trop les principes du droit public,[9] les mœurs et les lois, pour ne pas nous faire grâce. »

Les Oreillons trouvèrent ce discours très raisonnable ; ils députèrent deux notables pour aller en diligence s'informer de la vérité ; les deux députés s'acquittèrent de leur commission en gens d'esprit, et revinrent bientôt apporter de bonnes nouvelles. Les Oreillons délièrent leurs deux prisonniers, leur firent toutes sortes de civilités, leur offrirent des filles, leur donnèrent des rafraîchissements, et les reconduisirent jusqu'aux confins de leurs états, en criant avec allégresse : « Il n'est point jésuite, il n'est point jésuite ! »

Candide ne se lassait pas d'admirer le sujet de sa délivrance. « Quel peuple ! disait-il, quels hommes ! quelles mœurs ! si je n'avais pas eu le bonheur de donner un grand coup d'épée au travers du corps du frère de Mlle Cunégonde, j'étais mangé sans rémission. Mais, après tout, la pure

nature est bonne, puisque ces gens-ci, au lieu de me manger, m'ont fait mille honnêtetés, dès qu'ils ont su que je n'étais pas jésuite.»[10]

CHAPITRE XVII

ARRIVÉE DE CANDIDE ET DE SON VALET AU PAYS D'ELDORADO,[1] ET CE QU'ILS Y VIRENT

QUAND ils furent aux frontières des Oreillons : « Vous voyez, dit Cacambo à Candide, que cet hémisphère-ci ne vaut pas mieux que l'autre ; croyez-moi, retournons en Europe par le plus court chemin. — Comment y retourner, dit Candide ; et où aller ? Si je vais dans mon pays, les Bulgares et les Abares y égorgent tout ; si je retourne en Portugal, j'y suis brûlé ; si nous restons dans ce pays-ci, nous risquons à tout moment d'être mis en broche. Mais comment se résoudre à quitter la partie du monde que Mlle Cunégonde habite ?

— Tournons vers la Cayenne,[2] dit Cacambo, nous y trouverons des Français qui vont par tout le monde ; ils pourront nous aider. Dieu aura peut-être pitié de nous.»

Il n'était pas facile d'aller à la Cayenne : ils savaient bien à peu près de quel côté il fallait marcher ; mais des montagnes, des fleuves, des précipices, des brigands, des sauvages, étaient partout de terribles obstacles. Leurs chevaux moururent de fatigue ; leurs provisions furent consumées ; ils se nourrirent un mois entier de fruits sauvages, et se trouvèrent enfin auprès d'une petite rivière bordée de cocotiers qui soutinrent leur vie et leurs espérances.

Cacambo, qui donnait toujours d'aussi bons conseils que la vieille, dit à Candide : « Nous n'en pouvons plus, nous avons assez marché ; j'aperçois un canot vide sur le rivage, emplissons-le de cocos, jetons-nous dans cette petite barque, laissons-nous aller au courant ; une rivière mène toujours à quelque endroit habité. Si nous ne trouvons pas des choses agréables, nous trouverons du moins des choses nouvelles. — Allons, dit Candide, recommandons-nous à la Providence.»

Ils voguèrent quelques lieues entre des bords tantôt fleuris, tantôt arides, tantôt unis, tantôt escarpés. La rivière

s'élargissait toujours ; enfin elle se perdait sous une voûte de rochers épouvantables qui s'élevaient jusqu'au ciel. Les deux voyageurs eurent la hardiesse de s'abandonner aux flots sous cette voûte. Le fleuve resserré en cet endroit les porta avec une rapidité et un bruit horrible. Au bout de vingt-quatre heures ils revirent le jour ; mais leur canot se fracassa contre les écueils ; il fallut se traîner de rocher en rocher pendant une lieue entière ; enfin ils découvrirent un horizon immense, bordé de montagnes inaccessibles. Le pays était cultivé pour le plaisir comme pour le besoin ; partout l'utile était agréable : les chemins étaient couverts ou plutôt ornés de voitures d'une forme et d'une matière brillante, portant des hommes et des femmes d'une beauté singulière, traînés rapidement par de gros moutons rouges³ qui surpassaient en vitesse les plus beaux chevaux d'Andalousie, de Tétuan et de Méquinez.

« Voilà pourtant, dit Candide, un pays qui vaut mieux que la Westphalie.» Il mit pied à terre avec Cacambo auprès du premier village qu'il rencontra. Quelques enfants du village, couverts de brocarts d'or tout déchirés, jouaient au palet à l'entrée du bourg ; nos deux hommes de l'autre monde s'amusèrent à les regarder : leurs palets étaient d'assez larges pièces rondes, jaunes, rouges, vertes, qui jetaient un éclat singulier. Il prit envie aux voyageurs d'en ramasser quelques-uns ; c'était de l'or, c'était des émeraudes, des rubis, dont le moindre aurait été le plus grand ornement du trône du Mogol. « Sans doute, dit Cacambo, ces enfants sont les fils du roi du pays qui jouent au petit palet.» Le magister du village parut dans ce moment pour les faire rentrer à l'école. « Voilà, dit Candide, le précepteur de la famille royale.»

Les petits gueux quittèrent aussitôt le jeu, en laissant à terre leurs palets, et tout ce qui avait servi à leurs divertissements. Candide les ramasse, court au précepteur et les lui présente humblement, lui faisant entendre par signes que Leurs Altesses Royales avaient oublié leur or et leurs pierreries. Le magister du village, en souriant, les jeta par terre, regarda un moment la figure de Candide avec beaucoup de surprise, et continua son chemin.

Les voyageurs ne manquèrent pas de ramasser l'or, les

rubis et les émeraudes. « Où sommes-nous ? s'écria Candide. Il faut que les enfants des rois de ce pays soient bien élevés, puisqu'on leur apprend à mépriser l'or et les pierreries.» Cacambo était aussi surpris que Candide. Ils approchèrent enfin de la première maison du village ; elle était bâtie comme un palais d'Europe. Une foule de monde s'empressait à la porte, et encore plus dans le logis ; une musique très agréable se faisait entendre, et une odeur délicieuse de cuisine se faisait sentir. Cacambo s'approcha de la porte et entendit qu'on parlait péruvien ; c'était sa langue maternelle ; car tout le monde sait que Cacambo était né au Tucuman, dans un village où l'on ne connaissait que cette langue. « Je vous servirai d'interprète, dit-il à Candide ; entrons, c'est ici un cabaret.»

Aussitôt deux garçons et deux filles de l'hôtellerie, vêtus de drap d'or, et les cheveux renoués avec des rubans, les invitent à se mettre à la table de l'hôte. On servit quatre potages garnis chacun de deux perroquets, un contour bouilli qui pesait deux cents livres, deux singes rôtis d'un goût excellent, trois cents colibris dans un plat, et six cents oiseaux-mouches dans un autre ; des ragoûts exquis, des pâtisseries délicieuses ; le tout dans des plats d'une espèce de cristal de roche. Les garçons et les filles de l'hôtellerie versaient plusieurs liqueurs faites de canne de sucre.

Les convives étaient pour la plupart des marchands et des voituriers,[4] tous d'une politesse extrême, qui firent quelques questions à Cacambo avec la discrétion la plus circonspecte, et qui répondirent aux siennes d'une manière à le satisfaire.

Quand le repas fut fini, Cacambo crut, ainsi que Candide, bien payer son écot, en jetant sur la table de l'hôte deux de ces larges pièces d'or qu'il avait ramassées ; l'hôte et l'hôtesse éclatèrent de rire, et se tinrent longtemps les côtés. Enfin ils se remirent. « Messieurs, dit l'hôte, nous voyons bien que vous êtes des étrangers ; nous ne sommes pas accoutumés à en voir. Pardonnez-nous si nous nous sommes mis à rire quand vous nous avez offert en payement les cailloux de nos grands chemins. Vous n'avez pas sans doute de la monnaie du pays, mais il n'est pas nécessaire d'en avoir pour dîner ici. Toutes les hôtelleries établies pour la commodité du commerce sont payées par le gouvernement. Vous avez fait

mauvaise chère ici, parce que c'est un pauvre village, mais partout ailleurs vous serez reçus comme vous méritez de l'être.» Cacambo expliquait à Candide tous les discours de l'hôte, et Candide les écoutait avec la même admiration et le même égarement que son ami Cacambo les rendait. « Quel est donc ce pays, disaient-ils l'un et l'autre, inconnu à tout le reste de la terre, et où toute la nature est d'une espèce si différente de la nôtre ? C'est probablement le pays où tout va bien ; car il faut absolument qu'il y en ait un de cette espèce. Et, quoi qu'en dît maître Pangloss, je me suis souvent aperçu que tout allait mal en Westphalie.»

CHAPITRE XVIII

CE QU'ILS VIRENT DANS LE PAYS D'ELDORADO

CACAMBO témoigna à son hôte toute sa curiosité ; l'hôte lui dit : « Je suis fort ignorant et je m'en trouve bien[1] ; mais nous avons ici un vieillard[2] retiré de la cour, qui est le plus savant homme du royaume, et le plus communicatif.» Aussitôt il mène Cacambo chez le vieillard. Candide ne jouait plus que le second personnage et accompagnait son valet. Ils entrèrent dans une maison fort simple, car la porte n'était que d'argent, et les lambris des appartements n'étaient que d'or, mais travaillés avec tant de goût, que les plus riches lambris ne l'effaçaient pas. L'antichambre n'était à la vérité incrustée que de rubis et d'émeraudes ; mais l'ordre dans lequel tout était arrangé réparait bien cette extrême simplicité.

Le vieillard reçut les deux étrangers sur un sofa matelassé de plumes de colibri, et leur fit présenter des liqueurs dans des vases de diamants, après quoi il satisfit à leur curiosité en ces termes :

« Je suis âgé de cent soixante et douze ans, et j'ai appris de feu mon père, écuyer du roi, les étonnantes révolutions du Pérou dont il avait été témoin. Le royaume où nous sommes est l'ancienne patrie des Incas, qui en sortirent très imprudemment pour aller subjuguer une partie du monde, et qui furent enfin détruits par les Espagnols.

« Les princes de leur famille qui restèrent dans leur pays natal furent plus sages ; ils ordonnèrent, du consentement de la nation, qu'aucun habitant ne sortirait jamais de notre petit royaume ; et c'est ce qui nous a conservé notre innocence. et notre félicité. Les Espagnols ont eu une connaissance confuse de ce pays, ils l'ont appelé *El Dorado* ; et un Anglais, nommé le chevalier Raleigh,[3] en a même approché il y a environ cent années ; mais, comme nous sommes entourés de rochers inabordables et de précipices, nous avons toujours été jusqu'à présent à l'abri de la rapacité des nations de l'Europe, qui ont une fureur inconcevable pour les cailloux et pour la fange de notre terre, et qui, pour en avoir, nous tueraient tous jusqu'au dernier.»

La conversation fut longue ; elle roula sur la forme du gouvernement, sur les mœurs, sur les femmes, sur les spectacles publics, sur les arts. Enfin Candide, qui avait toujours du goût pour la métaphysique, fit demander par Cacambo si dans le pays il y avait une religion.

Le vieillard rougit un peu. « Comment donc ! dit-il, en pouvez-vous douter ? Est-ce que vous nous prenez pour des ingrats ? » Cacambo demanda humblement quelle était la religion d'Eldorado. Le vieillard rougit encore : « Est-ce qu'il peut y avoir deux religions ? dit-il. Nous avons, je crois, la religion de tout le monde ; nous adorons Dieu du soir jusqu'au matin.[4] — N'adorez-vous qu'un seul Dieu ? dit Cacambo, qui servait toujours d'interprète aux doutes de Candide. — Apparemment, dit le vieillard, qu'il n'y en a ni deux, ni trois, ni quatre.[5] Je vous avoue que les gens de votre monde font des questions bien singulières.»

Candide ne se lassait pas de faire interroger ce bon vieillard ; il voulut savoir comment on priait Dieu dans l'Eldorado. « Nous ne le prions point, dit le bon et respectable sage ; nous n'avons rien à lui demander, il nous a donné tout ce qu'il nous faut ; nous le remercions sans cesse.»[6] Candide eut la curiosité de voir des prêtres ; il fit demander où ils étaient. Le bon vieillard sourit. « Mes amis, dit-il, nous sommes tous prêtres ; le roi et tous les chefs de famille chantent des cantiques d'actions de grâce solennellement tous les matins, et cinq ou six mille musiciens les accompagnent. — Quoi ! vous n'avez point de moines qui enseignent, qui disputent,

qui gouvernent, qui cabalent, et qui font brûler les gens qui ne sont pas de leur avis ?[7] — Il faudrait que nous fussions fous, dit le vieillard ; nous sommes tous ici du même avis, et nous n'entendons pas ce que vous voulez dire avec vos moines.» Candide à tous ces discours demeurait en extase, et disait en lui-même : « Ceci est bien différent de la Westphalie et du château de M. le baron : si notre ami Pangloss avait vu Eldorado, il n'aurait plus dit que le château de Thunder-ten-tronckh était ce qu'il y avait de mieux sur la terre ; il est certain qu'il faut voyager.»

Après cette longue conversation, le bon vieillard fit atteler un carrosse à six moutons, et donna douze de ses domestiques[8] aux deux voyageurs pour les conduire à la cour. « Excusez-moi, leur dit-il, si mon âge me prive de l'honneur de vous accompagner. Le roi vous recevra d'une manière dont vous ne serez pas mécontents, et vous pardonnerez sans doute aux usages du pays, s'il y en a quelques-uns qui vous déplaisent.»

Candide et Cacambo montent en carrosse ; les six moutons volaient, et en moins de quatre heures on arriva au palais du roi, situé à un bout de la capitale. Le portail était de deux cent vingt pieds de haut et de cent de large ; il est impossible d'exprimer quelle en était la matière. On voit assez quelle supériorité prodigieuse elle devait avoir sur ces cailloux et sur ce sable que nous nommons or et pierreries.

Vingt belles filles de la garde reçurent Candide et Cacambo à la descente du carrosse, les conduisirent aux bains, les vêtirent de robes d'un tissu de duvet de colibri ; après quoi les grands officiers et les grandes officières de la couronne les menèrent à l'appartement de Sa Majesté au milieu de deux files, chacune de mille musiciens, selon l'usage ordinaire. Quand ils approchèrent de la salle du trône, Cacambo demanda à un grand officier comment il fallait s'y prendre pour saluer Sa Majesté : si on se jetait à genoux ou ventre à terre ; si on mettait les mains sur la tête ou sur le derrière : si on léchait la poussière de la salle[9]: en un mot, quelle était la cérémonie. « L'usage, dit le grand officier, est d'embrasser le roi et de le baiser des deux côtés.» Candide et Cacambo sautèrent au cou de Sa Majesté, qui les reçut avec toute la grâce imaginable, et qui les pria poliment à souper.

En attendant, on leur fit voir la ville, les édifices publics élevés jusqu'aux nues, les marchés ornés de mille colonnes, les fontaines d'eau pure, les fontaines d'eau rose, celles de liqueurs de canne de sucre qui coulaient continuellement dans de grandes places pavées d'une espèce de pierreries qui répandaient une odeur semblable à celle du girofle et de la cannelle.[10] Candide demanda à voir la cour de justice, le parlement[11]; on lui dit qu'il n'y en avait point, et qu'on ne plaidait jamais. Il s'informa s'il y avait des prisons, et on lui dit que non. Ce qui le surprit davantage, et qui lui fit le plus de plaisir, ce fut le palais des sciences, dans lequel il vit une galerie de deux mille pas, toute pleine d'instruments de mathématique et de physique.[12]

Après avoir parcouru toute l'après-dînée à peu près la millième partie de la ville, on les ramena chez le roi. Candide se mit à table entre Sa Majesté, son valet Cacambo et plusieurs dames. Jamais on ne fit meilleure chère, et jamais on n'eut plus d'esprit à souper qu'en eut Sa Majesté. Cacambo expliquait les bons mots du roi à Candide, et quoique traduits, ils paraissaient toujours de bons mots. De tout ce qui étonnait Candide, ce n'était pas ce qui l'étonna le moins.[13]

Ils passèrent un mois dans cet hospice. Candide ne cessait de dire à Cacambo : « Il est vrai, mon ami, encore une fois, que le château où je suis né ne vaut pas le pays où nous sommes ; mais enfin Mlle Cunégonde n'y est pas, et vous avez sans doute quelque maîtresse en Europe. Si nous restons ici, nous n'y serons que comme les autres ; au lieu que si nous retournons dans notre monde, seulement avec douze moutons chargés de cailloux d'Eldorado, nous serons plus riches que tous les rois ensemble, nous n'aurons plus d'inquisiteurs à craindre, et nous pourrons aisément reprendre Mlle Cunégonde.»

Ce discours plut à Cacambo ; on aime tant à courir, à se faire valoir chez les siens, à faire parade de ce qu'on a vu dans ses voyages, que les deux heureux résolurent de ne plus l'être, et de demander leur congé à Sa Majesté.

« Vous faites une sottise, leur dit le roi ; je sais bien que mon pays est peu de chose ; mais, quand on est passablement quelque part, il faut y rester.[14] Je n'ai pas assurément le droit de retenir des étrangers ; c'est une tyrannie qui n'est ni

dans nos mœurs ni dans nos lois[15]; tous les hommes sont libres ; partez quand vous voudrez, mais la sortie est bien difficile. Il est impossible de remonter la rivière rapide sur laquelle vous êtes arrivés par miracle, et qui court sous des voûtes de rochers. Les montagnes qui entourent tout mon royaume ont dix mille pieds de hauteur, et sont droites comme des murailles : elles occupent chacune en largeur un espace de plus de dix lieues ; on ne peut en descendre que par des précipices. Cependant, puisque vous voulez absolument partir, je vais donner ordre aux intendants des machines d'en faire une qui puisse vous transporter commodément. Quand on vous aura conduits au revers des montagnes, personne ne pourra vous accompagner ; car mes sujets ont fait vœu de ne jamais sortir de leur enceinte, et ils sont trop sages pour rompre leur vœu. Demandez-moi d'ailleurs tout ce qu'il vous plaira. — Nous ne demandons à Votre Majesté, dit Cacambo, que quelques moutons chargés de vivres, de cailloux et de la boue du pays.» Le roi rit. « Je ne conçois pas, dit-il, quel goût vos gens d'Europe ont pour notre boue jaune : mais emportez-en tant que vous voudrez, et grand bien vous fasse.»

Il donna l'ordre sur-le-champ à ses ingénieurs de faire une machine pour guinder ces deux hommes extraordinaires hors du royaume. Trois mille bons physiciens y travaillèrent ; elle fut prête au bout de quinze jours, et ne coûta pas plus de vingt millions de livres sterling,[16] monnaie du pays. On mit sur la machine Candide et Cacambo ; il y avait deux grands moutons rouges sellés et bridés pour leur servir de monture quand ils auraient franchi les montagnes, vingt moutons de bât chargés de vivres, trente qui portaient des présents de ce que le pays a de plus curieux, et cinquante chargés d'or, de pierreries et de diamants. Le roi embrassa tendrement les deux vagabonds.

Ce fut un beau spectacle que leur départ, et la manière ingénieuse dont ils furent hissés eux et leurs moutons au haut des montagnes. Les physiciens prirent congé d'eux après les avoir mis en sûreté, et Candide n'eut plus d'autre désir et d'autre objet que d'aller présenter ses moutons à Mlle Cunégonde. «Nous avons, dit-il, de quoi payer le gouverneur de Buenos-Ayres, si Mlle Cunégonde peut être

mise à prix. Marchons vers la Cayenne, embarquons-nous, et nous verrons ensuite quel royaume nous pourrons acheter.»

CHAPITRE XIX

CE QUI LEUR ARRIVA A SURINAM, ET COMMENT CANDIDE FIT CONNAISSANCE AVEC MARTIN

LA première journée de nos deux voyageurs fut assez agréable. Ils étaient encouragés par l'idée de se voir possesseurs de plus de trésors que l'Asie, l'Europe et l'Afrique n'en pouvaient rassembler. Candide transporté écrivit le nom de Cunégonde sur les arbres. A la seconde journée deux de leurs moutons s'enfoncèrent dans des marais, et y furent abîmés avec leurs charges; deux autres moutons moururent de fatigue quelques jours après; sept ou huit périrent ensuite de faim dans un désert; d'autres tombèrent au bout de quelques jours dans des précipices. Enfin, après cent jours de marche, il ne leur resta que deux moutons. Candide dit à Cacambo : «Mon ami, vous voyez comme les richesses de ce monde sont périssables; il n'y a rien de solide que la vertu et le bonheur de revoir Mlle Cunégonde. — Je l'avoue, dit Cacambo; mais il nous reste encore deux moutons avec plus de trésors que n'en aura jamais le roi d'Espagne; et je vois de loin une ville que je soupçonne être Surinam,[1] appartenante aux Hollandais. Nous sommes au bout de nos peines et au commencement de notre félicité.»

En approchant de la ville, ils rencontrèrent un nègre étendu par terre,[2] n'ayant plus que la moitié de son habit, c'est-à-dire d'un caleçon de toile bleue; il manquait à ce pauvre homme la jambe gauche et la main droite. «Eh ! mon Dieu ! lui dit Candide en hollandais,[3] que fais-tu là, mon ami, dans l'état horrible où je te vois ? — J'attends mon maître, M. Vanderdendur, le fameux négociant, répondit le nègre. — Est-ce M. Vanderdendur, dit Candide, qui t'a traité ainsi ? — Oui, monsieur, dit le nègre, c'est l'usage. On nous donne un caleçon de toile pour tout vêtement deux fois l'année. Quand nous travaillons aux sucreries, et que la

meule nous attrape le doigt, on nous coupe la main : quand nous voulons nous enfuir, on nous coupe la jambe : je me suis trouvé dans les deux cas.[4] C'est à ce prix que vous mangez du sucre en Europe.[5] Cependant, lorsque ma mère me vendit dix écus patagons sur la côte de Guinée, elle me disait : « Mon cher enfant, bénis nos fétiches, adore-les toujours, ils te feront vivre heureux ; tu as l'honneur d'être esclave de nos seigneurs les blancs, et tu fais par là la fortune de ton père et de ta mère.» Hélas ! je ne sais pas si j'ai fait leur fortune, mais ils n'ont pas fait la mienne. Les chiens, les singes et les perroquets, sont mille fois moins malheureux que nous ; les fétiches hollandais qui m'ont converti me disent tous les dimanches que nous sommes tous enfants d'Adam, blancs et noirs. Je ne suis pas généalogiste ; mais si ces prêcheurs disent vrai, nous sommes tous cousins issus de germain. Or vous m'avouerez qu'on ne peut pas en user avec ses parents d'une manière plus horrible.

— O Pangloss ! s'écria Candide, tu n'avais pas deviné cette abomination ; c'en est fait, il faudra qu'à la fin je renonce à ton optimisme. — Qu'est-ce qu'optimisme ?[6] disait Cacambo. — Hélas ! dit Candide, c'est la rage de soutenir que tout est bien quand on est mal » ; et il versait des larmes en regardant son nègre ; et en pleurant, il entra dans Surinam.[7]

La première chose dont ils s'informent, c'est s'il n'y a point au port quelque vaisseau qu'on pût envoyer à Buenos-Ayres. Celui à qui ils s'adressèrent était justement un patron espagnol qui s'offrit à faire avec eux un marché honnête. Il leur donna rendez-vous dans un cabaret. Candide et le fidèle Cacambo allèrent l'y attendre avec leurs deux moutons.

Candide, qui avait le cœur sur les lèvres, conta à l'Espagnol toutes ses aventures, et lui avoua qu'il voulait enlever Mlle Cunégonde. « Je me garderai bien de vous passer à Buenos-Ayres, dit le patron : je serais pendu, et vous aussi ; la belle Cunégonde est la maîtresse favorite de monseigneur.» Ce fut un coup de foudre pour Candide, il pleura longtemps ; enfin il tira à part Cacambo. «Voici, mon cher ami, lui dit-il, ce qu'il faut que tu fasses : nous avons chacun dans nos poches pour cinq ou six millions de diamants ; tu es plus habile que moi ; va prendre Mlle Cunégonde à Buenos-

Ayres. Si le gouverneur fait quelques difficultés, donne-lui un million : s'il ne se rend pas, donne-lui en deux ; tu n'as point tué d'inquisiteur, on ne se défiera point de toi. J'équiperai un autre vaisseau, j'irai t'attendre à Venise : c'est un pays libre⁸ où l'on n'a rien à craindre ni des Bulgares, ni des Abares, ni des juifs, ni des inquisiteurs.» Cacambo applaudit à cette sage résolution. Il était au désespoir de se séparer d'un bon maître devenu son ami intime ; mais le plaisir de lui être utile l'emporta sur la douleur de le quitter. Ils s'embrassèrent en versant des larmes. Candide lui recommanda de ne point oublier la bonne vieille. Cacambo partit dès le jour même : c'était un très bon homme que ce Cacambo.

Candide resta encore quelque temps à Surinam, et attendit qu'un autre patron voulût le mener en Italie, lui et les deux moutons qui lui restaient. Il prit des domestiques, et acheta tout ce qui lui était nécessaire pour un long voyage ; enfin M. Vanderdendur, maître d'un gros vaisseau, vint se présenter à lui. «Combien voulez-vous, demanda-t-il à cet homme, pour me mener en droiture à Venise, moi, mes gens, mon bagage et les deux moutons que voilà ?» Le patron s'accorda à dix mille piastres : Candide n'hésita pas.

« Oh ! oh ! dit à part soi le prudent Vanderdendur, cet étranger donne dix mille piastres tout d'un coup ! il faut qu'il soit bien riche.» Puis, revenant un moment après, il signifia qu'il ne pouvait partir à moins de vingt mille. « Eh bien ! vous les aurez, dit Candide.

— Ouais, se dit tout bas le marchand, cet homme donne vingt mille piastres aussi aisément que dix mille.» Il revint encore, et dit qu'il ne pouvait le conduire à Venise à moins de trente mille piastres. « Vous en aurez donc trente mille, répondit Candide.

— Oh ! oh ! se dit encore le marchand hollandais, trente mille piastres ne coûtent rien à cet homme-ci ; sans doute les deux moutons portent des trésors immenses ; n'insistons pas davantage : faisons-nous d'abord payer les trente mille piastres, et puis nous verrons.» Candide vendit deux petits diamants, dont le moindre valait plus que tout l'argent que demandait le patron. Il le paya d'avance. Les deux moutons furent embarqués. Candide suivait dans un petit bateau

pour joindre le vaisseau à la rade ; le patron prend son temps, met à la voile, démarre ; le vent le favorise. Candide éperdu et stupéfait le perd bientôt de vue. « Hélas ! cria-t-il, voilà un tour digne de l'ancien monde.» Il retourne au rivage, abîmé dans la douleur ; car enfin il avait perdu de quoi faire la fortune de vingt monarques.

Il se transporte chez le juge hollandais ; et, comme il était un peu troublé, il frappe rudement à la porte ; il entre, expose son aventure, et crie un peu plus haut qu'il ne convenait. Le juge commença par lui faire payer dix mille piastres pour le bruit qu'il avait fait : ensuite il l'écouta patiemment, lui promit d'examiner son affaire sitôt que le marchand serait revenu, et se fit payer dix mille autres piastres pour les frais de l'audience.

Ce procédé acheva de désespérer Candide ; il avait à la vérité essuyé des malheurs mille fois plus douloureux ; mais le sang-froid du juge, et celui du patron dont il était volé, alluma sa bile, et le plongea dans une noire mélancolie. La méchanceté des hommes se présentait à son esprit dans toute sa laideur, il ne se nourrissait que d'idées tristes. Enfin un vaisseau français étant sur le point de partir pour Bordeaux, comme il n'avait plus de moutons chargés de diamants à embarquer, il loua une chambre du vaisseau à juste prix, et fit signifier dans la ville qu'il payerait le passage, la nourriture, et donnerait deux mille piastres à un honnête homme qui voudrait faire le voyage avec lui, à condition que cet homme serait le plus dégoûté de son état et le plus malheureux de la province.

Il se présenta une foule de prétendants qu'une flotte n'aurait pu contenir. Candide voulant choisir entre les plus apparents, il distingua une vingtaine de personnes qui lui paraissaient assez sociables et qui toutes prétendaient mériter la préférence. Il les assembla dans son cabaret, et leur donna à souper, à condition que chacun ferait serment de raconter fidèlement son histoire, promettant de choisir celui qui lui paraîtrait le plus à plaindre et le plus mécontent de son état, à plus juste titre, et de donner aux autres quelques gratifications.

La séance dura jusqu'à quatre heures du matin. Candide, en écoutant toutes leurs aventures, se ressouvenait de ce que

lui avait dit la vieille en allant à Buenos-Ayres, et de la
gageure qu'elle avait faite qu'il n'y avait personne sur le
vaisseau auquel il ne fût arrivé de très grands malheurs. Il
songeait à Pangloss à chaque aventure qu'on lui contait.
« Ce Pangloss, disait-il, serait bien embarrassé à démontrer
son système. Je voudrais qu'il fût ici. Certainement, si tout
va bien, c'est dans Eldorado, et non pas dans le reste de la
terre.» Enfin il se détermina en faveur d'un pauvre savant
qui avait travaillé dix ans pour les libraires à Amsterdam.[9]
Il jugea qu'il n'y avait point de métier au monde dont on
dût être plus dégoûté.

Ce savant, qui était d'ailleurs un bon homme, avait été
volé par sa femme, battu par son fils, et abandonné de sa
fille, qui s'était faite enlever par un Portugais. Il venait
d'être privé d'un petit emploi duquel il subsistait ; et les
prédicants de Surinam le persécutaient, parce qu'ils le pre-
naient pour un socinien.[10] Il faut avouer que les autres
étaient pour le moins aussi malheureux que lui ; mais
Candide espérait que le savant le désennuierait dans le
voyage. Tous ses autres rivaux trouvèrent que Candide
leur faisait une grande injustice, mais il les apaisa en leur
donnant à chacun cent piastres.

CHAPITRE XX

CE QUI ARRIVA, SUR MER, A CANDIDE ET A MARTIN

LE vieux savant, qui s'appelait Martin, s'embarqua donc
pour Bordeaux avec Candide. L'un et l'autre avaient beau-
coup vu et beaucoup souffert ; et quand le vaisseau aurait
dû faire voile de Surinam au Japon par le cap de Bonne-
Espérance, ils auraient eu de quoi s'entretenir du mal moral
et du mal physique pendant tout le voyage.

Cependant Candide avait un grand avantage sur Martin ;
c'est qu'il espérait toujours revoir Mlle Cunégonde, et que
Martin n'avait rien à espérer ; de plus, il avait de l'or et des
diamants ; et, quoiqu'il eût perdu cent gros moutons rouges
chargés des plus grands trésors de la terre ; quoiqu'il eût
toujours sur le cœur la friponnerie du patron hollandais ;

cependant, quand il songeait à ce qui lui restait dans ses poches, et quand il parlait de Cunégonde, surtout sur la fin du repas, il penchait alors pour le système de Pangloss.

« Mais vous, monsieur Martin, dit-il au savant, que pensez-vous de tout cela ? quelle est votre idée sur le mal moral et le mal physique ? — Monsieur, répondit Martin, mes prêtres m'ont accusé d'être socinien, mais la vérité du fait est que je suis manichéen.[1] — Vous vous moquez de moi, dit Candide, il n'y a plus de manichéens dans le monde. — Il y a moi, dit Martin ; je ne sais qu'y faire, mais je ne peux penser autrement. — Il faut que vous ayez le diable au corps, dit Candide. — Il se mêle si fort des affaires de ce monde, dit Martin, qu'il pourrait bien être dans mon corps, comme partout ailleurs ; mais je vous avoue qu'en jetant la vue sur ce globe, ou plutôt sur ce globule, je pense que Dieu l'a abandonné à quelque être malfaisant : j'en excepte toujours Eldorado. Je n'ai guère vu de ville qui ne désirât la ruine de la ville voisine, point de famille qui ne voulût exterminer quelque autre famille. Partout les faibles ont en exécration les puissants devant lesquels ils rampent, et les puissants les traitent comme des troupeaux dont on vend la laine et la chair. Un million d'assassins enrégimentés, courant d'un bout de l'Europe à l'autre, exerce le meurtre et le brigandage avec discipline, pour gagner son pain, parce qu'il n'a pas de métier plus honnête ; et, dans les villes qui paraissent jouir de la paix, et où les arts fleurissent, les hommes sont dévorés de plus d'envie, de soins et d'inquiétudes qu'une ville assiégée n'éprouve de fléaux. Les chagrins secrets sont encore plus cruels que les misères publiques. En un mot, j'en ai tant vu et tant éprouvé, que je suis manichéen.

— Il y a pourtant du bon, répliquait Candide. — Cela peut être, disait Martin ; mais je ne le connais pas. »

Au milieu de cette dispute, on entendit un bruit de canon. Le bruit redouble de moment en moment. Chacun prend sa lunette. On aperçoit deux vaisseaux qui combattaient à la distance d'environ trois milles : le vent les amena l'un et l'autre si près du vaisseau français, qu'on eut le plaisir de voir le combat tout à son aise. Enfin l'un des deux vaisseaux lâcha à l'autre une bordée si bas et si juste, qu'il le coula à

fond. Candide et Martin aperçurent distinctement une centaine d'hommes sur le tillac du vaisseau qui s'enfonçait ; ils levaient tous les mains au ciel, et jetaient des clameurs effroyables ; en un moment tout fut englouti.

« Eh bien ! dit Martin, voilà comme les hommes se traitent les uns les autres. — Il est vrai, dit Candide, qu'il y a quelque chose de diabolique dans cette affaire.» En parlant ainsi, il aperçut je ne sais quoi d'un rouge éclatant qui nageait auprès de son vaisseau. On détacha la chaloupe pour voir ce que ce pouvait être : c'était un de ses moutons. Candide eut plus de joie de retrouver ce mouton qu'il n'avait été affligé d'en perdre cent tous chargés de gros diamants d'Eldorado.[2]

Le capitaine français aperçut bientôt que le capitaine du vaisseau submergeant était espagnol, et que celui du vaisseau submergé était un pirate hollandais ; c'était celui-là même qui avait volé Candide. Les richesses immenses dont ce scélérat s'était emparé furent ensevelies avec lui dans la mer, et il n'y eut qu'un mouton de sauvé. « Vous voyez, dit Candide à Martin, que le crime est puni quelquefois : ce coquin de patron hollandais a eu le sort qu'il méritait. — Oui, dit Martin ; mais fallait-il que les passagers qui étaient sur son vaisseau périssent aussi ? Dieu a puni ce fripon, le diable a noyé les autres.»

Cependant le vaisseau français et l'espagnol continuèrent leur route, et Candide continua ses conversations avec Martin. Ils disputèrent quinze jours de suite, et, au bout de quinze jours, ils étaient aussi avancés que le premier ; mais enfin ils parlaient, ils se communiquaient des idées, ils se consolaient. Candide caressait son mouton. « Puisque je t'ai retrouvé, dit-il, je pourrai bien retrouver Cunégonde.»

CHAPITRE XXI

CANDIDE ET MARTIN APPROCHENT DES CÔTES DE FRANCE, ET RAISONNENT

ON aperçut enfin les côtes de France. « Avez-vous jamais été en France, monsieur Martin ? dit Candide. — Oui, dit Martin ; j'ai parcouru plusieurs provinces : il y en a où la moitié des habitants est folle, quelques-unes où l'on est trop rusé, d'autres où l'on est communément assez doux et assez bête, d'autres où l'on fait le bel esprit, et, dans toutes, la principale occupation est l'amour, la seconde de médire, et la troisième de dire des sottises. — Mais, monsieur Martin, avez-vous vu Paris ? — Oui, j'ai vu Paris : il tient de toutes ces espèces-là. C'est un chaos, c'est une presse dans laquelle tout le monde cherche le plaisir, et où presque personne ne le trouve, du moins à ce qu'il m'a paru. J'y ai séjourné peu ; j'y fus volé, en arrivant, de tout ce que j'avais, par des filous, à la foire Saint-Germain,[1] on me prit moi-même pour un voleur, et je fus huit jours en prison ; après quoi je me fis correcteur d'imprimerie pour gagner de quoi retourner à pied en Hollande. Je connus la canaille écrivante, la canaille cabalante et la canaille convulsionnaire.[2] On dit qu'il y a des gens fort polis dans cette ville-là ; je le veux croire.[3]

— Pour moi, je n'ai nulle curiosité de voir la France, dit Candide ; vous devinez aisément que, quand on a passé un mois dans Eldorado, on ne se soucie plus de rien voir sur la terre que Mlle Cunégonde : je vais l'attendre à Venise ; nous traverserons la France pour aller en Italie... Ne m'accompagnerez-vous pas ? — Très volontiers, dit Martin. On dit que Venise n'est bonne que pour les nobles vénitiens, mais que cependant on y reçoit très bien les étrangers quand ils ont beaucoup d'argent : je n'en ai point ; vous en avez : je vous suivrai partout. — A propos, dit Candide, pensez-vous que la terre ait été originairement une mer,[4] comme on l'assure dans ce gros livre[5] qui appartient au capitaine du vaisseau ? — Je n'en crois rien du tout, dit Martin, non plus que de toutes les rêveries qu'on nous débite depuis quelque temps. — Mais à quelle fin ce monde a-t-il donc été formé ? dit Candide. — Pour nous faire enrager, répondit Martin. — N'êtes-vous pas bien étonné, continua Candide, de l'a-

53

mour que ces deux filles du pays des Oreillons avaient pour ces deux singes, et dont je vous ai conté l'aventure ? — Point du tout, dit Martin, je ne vois pas ce que cette passion a d'étrange : j'ai tant vu de choses extraordinaires, qu'il n'y a plus rien d'extraordinaire. — Croyez-vous, dit Candide, que les hommes se soient toujours mutuellement massacrés comme ils font aujourd'hui ? qu'ils aient toujours été menteurs, fourbes, perfides, ingrats, brigands, faibles, volages, lâches, envieux, gourmands, ivrognes, avares, ambitieux, sanguinaires, calomniateurs, débauchés, fanatiques, hypocrites et sots ? — Croyez-vous, dit Martin, que les éperviers aient toujours mangé des pigeons quand ils en ont trouvé ? — Oui, sans doute, dit Candide. — Eh bien ! dit Martin, si les éperviers ont toujours eu le même caractère, pourquoi voulez-vous que les hommes aient changé le leur ? [6]— Oh ! dit Candide, il y a bien de la différence ; car le libre arbitre. . .» En raisonnant ainsi, ils arrivèrent à Bordeaux.

CHAPITRE XXII

CE QUI ARRIVA EN FRANCE A CANDIDE ET A MARTIN[1]

CANDIDE ne s'arrêta dans Bordeaux qu'autant de temps qu'il en fallait pour vendre quelques cailloux du Dorado et pour s'accommoder d'une bonne chaise à deux places. Car il ne pouvait plus se passer de son philosophe Martin ; il fut seulement très fâché de se séparer de son mouton, qu'il laissa à l'Académie des Sciences de Bordeaux, laquelle proposa, pour le sujet du prix de cette année, de trouver pourquoi la laine de ce mouton était rouge ; et le prix fut adjugé à un savant du Nord, qui démontra, par A plus B moins C divisé par Z, que le mouton devait être rouge et mourir de la clavelée.[2]

Cependant tous les voyageurs que Candide rencontra dans les cabarets de la route lui disaient : « Nous allons à Paris.» Cet empressement général lui donna enfin l'envie de voir cette capitale : ce n'était pas beaucoup se détourner du chemin de Venise.

Il entra par le faubourg Saint-Marceau, et crut être dans le plus vilain village de la Westphalie.[3]

A peine Candide fut-il dans son auberge, qu'il fut attaqué d'une maladie légère, causée par ses fatigues. Comme il avait au doigt un diamant énorme, et qu'on avait aperçu dans son équipage une cassette prodigieusement pesante, il eut aussitôt auprès de lui deux médecins qu'il n'avait pas mandés, quelques amis intimes qui ne le quittèrent pas, et deux dévotes qui faisaient chauffer ses bouillons. Martin disait : « Je me souviens d'avoir été malade aussi à Paris dans mon premier voyage ; j'étais fort pauvre : aussi n'eus-je ni amis, ni dévotes, ni médecins, et je guéris. »

Cependant, à force de médecines et de saignées, la maladie de Candide devint sérieuse.[4] Un habitué du quartier vint avec douceur lui demander un billet payable au porteur pour l'autre monde.[5] Candide n'en voulut rien faire. Les dévotes l'assurèrent que c'était une nouvelle mode. Candide répondit qu'il n'était point homme à la mode. Martin voulut jeter l'habitué par les fenêtres. Le clerc jura qu'on n'enterrerait point Candide. Martin jura qu'il enterrerait le clerc, s'il continuait à les importuner. La querelle s'échauffa: Martin le prit par les épaules et le chassa rudement, ce qui causa un grand scandale dont on fit un procès-verbal.

Candide guérit ; et pendant sa convalescence il eut très bonne compagnie à souper chez lui. On jouait gros jeu. Candide était tout étonné que jamais les as ne lui vinssent ; et Martin ne s'en étonnait pas.

Parmi ceux qui lui faisaient les honneurs de la ville, il y avait un petit abbé[6] périgourdin, l'un de ces gens empressés, toujours alertes, toujours serviables, effrontés, caressants, accommodants, qui guettent les étrangers à leur passage, leur content l'histoire scandaleuse de la ville, et leur offrent des plaisirs à tout prix. Celui-ci mena d'abord Candide et Martin à la Comédie. On y jouait une tragédie nouvelle. Candide se trouva placé auprès de quelques beaux esprits. Cela ne l'empêcha pas de pleurer à des scènes jouées parfaitement. Un des raisonneurs qui étaient à ses côtés lui dit dans un entr'acte : « Vous avez grand tort de pleurer, cette actrice est fort mauvaise ; l'acteur qui joue avec elle est plus mauvais acteur encore ; la pièce est encore plus mauvaise

que les acteurs ; l'auteur ne sait pas un mot d'arabe, et cependant la scène est en Arabie[7] ; et, de plus, c'est un homme qui ne croit pas aux idées innées[8] ; je vous apporterai demain vingt brochures contre lui.° — Monsieur, combien avez-vous de pièces de théâtre en France ? » dit Candide à l'abbé ; lequel répondit : « Cinq ou six mille. — C'est beaucoup, dit Candide ; combien y en a-t-il de bonnes ? — Quinze ou seize, répliqua l'autre. — C'est beaucoup, dit Martin.»

Candide fut très content d'une actrice qui faisait la reine Élisabeth, dans une assez plate tragédie[10] que l'on joue quelquefois. « Cette actrice, dit-il à Martin, me plaît beaucoup ; elle a un faux air de Mlle Cunégonde ; je serais bien aise de la saluer.» L'abbé périgourdin s'offrit à l'introduire chez elle. Candide, élevé en Allemagne, demanda quelle était l'étiquette, et comment on traitait en France les reines d'Angleterre. « Il faut distinguer, dit l'abbé ; en province, on les mène au cabaret ; à Paris, on les respecte quand elles sont belles, et on les jette à la voirie quand elles sont mortes. — Des reines à la voirie ! dit Candide. — Oui, vraiment, dit Martin ; M. l'abbé a raison ; j'étais à Paris quand Mlle Monime passa, comme on dit, de cette vie à l'autre ; on lui refusa ce que ces gens-ci appellent *les honneurs de la sépulture*, c'est-à-dire de pourrir avec tous les gueux du quartier dans un vilain cimetière ; elle fut enterrée toute seule de sa bande au coin de la rue de Bourgogne[11]; ce qui dut lui faire une peine extrême, car elle pensait très noblement. — Cela est bien impoli, dit Candide. — Que voulez-vous ? dit Martin ; ces gens-ci sont ainsi faits. Imaginez toutes les contradictions, toutes les incompatibilités possibles, vous les verrez dans le gouvernement, dans les tribunaux, dans les églises, dans les spectacles de cette drôle de nation. — Est-il vrai qu'on rit toujours à Paris ? dit Candide. — Oui, dit l'abbé, mais c'est en enrageant ; car on s'y plaint de tout avec de grands éclats de rire, même on y fait en riant les actions les plus détestables.

— Quel est, dit Candide, ce gros cochon qui me disait tant de mal de la pièce[12] où j'ai tant pleuré, et des acteurs qui m'ont fait tant de plaisir ? — C'est un mal-vivant, répondit l'abbé, qui gagne sa vie à dire du mal de toutes les pièces et de tous les livres ; il hait quiconque réussit, comme les

eunuques haïssent les jouissants ; c'est un de ces serpents de la littérature qui se nourrissent de fange et de venin ; c'est un folliculaire. — Qu'appelez-vous folliculaire ? dit Candide. — C'est, dit l'abbé, un faiseur de feuilles, un F. . . .»[13]

C'est ainsi que Candide, Martin et le Périgourdin raisonnaient sur l'escalier, en voyant défiler le monde au sortir de la pièce. « Quoique je sois très empressé de revoir Mlle Cunégonde, dit Candide, je voudrais pourtant souper avec Mlle Clairon,[14] car elle m'a paru admirable.»

L'abbé n'était pas homme à approcher de Mlle Clairon, qui ne voyait que bonne compagnie. « Elle est engagée pour ce soir, dit-il, mais j'aurai l'honneur de vous mener chez une dame de qualité, et là vous connaîtrez Paris comme si vous y aviez été quatre ans.»

Candide, qui était naturellement curieux, se laissa mener chez la dame, au fond du faubourg Saint-Honoré ; on y était occupé d'un pharaon[15] ; douze tristes pontes tenaient chacun en main un petit livre de cartes, registre cornu de leurs infortunes. Un profond silence régnait, la pâleur était sur le front des pontes, l'inquiétude sur celui du banquier ; et la dame du logis, assise auprès de ce banquier impitoyable, remarquait avec des yeux de lynx tous les parolis, tous les sept-et-le-va de campagne, dont chaque joueur cornait ses cartes ; elle les faisait décorner avec une attention sévère, mais polie, et ne se fâchait point, de peur de perdre ses pratiques. La dame se faisait appeler *la marquise de Parolignac*. Sa fille, âgée de quinze ans, était au nombre des pontes, et avertissait d'un clin d'œil des friponneries de ces pauvres gens qui tâchaient de réparer les cruautés du sort. L'abbé périgourdin, Candide et Martin entrèrent ; personne ne se leva, ni les salua, ni les regarda; tous étaient profondément occupés de leurs cartes. « Mme la baronne de Thunder-ten-tronckh était plus civile», dit Candide.

Cependant l'abbé s'approcha de l'oreille de la marquise, qui se leva à moitié, honora Candide d'un sourire gracieux, et Martin d'un air de tête tout à fait noble ; elle fit donner un siège et un jeu de cartes à Candide, qui perdit cinquante mille francs en deux tailles[16] : après quoi on soupa très gaiement, et tout le monde était étonné que Candide ne fût pas

ému de sa perte ; les laquais disaient entre eux, dans leur langage de laquais : « Il faut que ce soit quelque milord anglais.»

Le souper fut comme la plupart des soupers de Paris, d'abord du silence, ensuite un bruit de paroles qu'on ne distingue point, puis des plaisanteries dont la plupart sont insipides, de fausses nouvelles, de mauvais raisonnements, un peu de politique et beaucoup de médisance ; on parla même de livres nouveaux. « Avez-vous vu, dit l'abbé périgourdin, le roman du sieur Gauchat,[17] docteur en théologie ? — Oui, répondit un des convives, mais je n'ai pu l'achever. Nous avons une foule d'écrits impertinents ; mais tous ensemble n'approchent pas de l'impertinence de Gauchat, docteur en théologie ; je suis si rassasié de cette immensité de détestables livres qui nous inondent, que je me suis mis à ponter au pharaon. — Et les mélanges de l'archidiacre T ,[18] qu'en dites-vous ? dit l'abbé. — Ah ! dit Mme de Parolignac, l'ennuyeux mortel ! comme il vous dit curieusement tout ce que le monde sait ! comme il discute pesamment ce qui ne vaut pas la peine d'être remarqué légèrement ! comme il s'approprie, sans esprit, l'esprit des autres ! comme il gâte ce qu'il pille ! comme il me dégoûte ! mais il ne me dégoûtera plus ; c'est assez d'avoir lu quelques pages de l'archidiacre.»

Il y avait à table un homme savant et de goût qui appuya ce que disait la marquise. On parla ensuite de tragédies ; la dame demanda pourquoi il y avait des tragédies qu'on jouait quelquefois, et qu'on ne pouvait lire. L'homme de goût expliqua très bien comment une pièce pouvait avoir quelque intérêt, et n'avoir presque aucun mérite ; il prouva en peu de mots que ce n'était pas assez d'amener une ou deux de ces situations qu'on trouve dans tous les romans, et qui séduisent toujours les spectateurs; mais il faut être neuf sans être bizarre, souvent sublime et toujours naturel, connaître le cœur humain et le faire parler ; être grand poète, sans que jamais aucun personnage de la pièce paraisse poète ; savoir parfaitement sa langue, la parler avec pureté, avec une harmonie continue, sans que jamais la rime coûte rien au sens. « Quiconque, ajouta-t-il, n'observe pas toutes ces règles, peut faire une ou deux tragédies applaudies au

théâtre, mais, il ne sera jamais compté au rang des bons écrivains ; il y a très peu de bonnes tragédies : les unes sont des idylles en dialogues bien écrits et bien rimés ; les autres, des raisonnements politiques qui endorment, ou des amplifications qui rebutent ; les autres, des rêves d'énergumène, en style barbare, des propos interrompus, de longues apostrophes aux dieux, parce qu'on ne sait point parler aux hommes, des maximes fausses, des lieux communs ampoulés. »[19]

Candide écouta ce propos avec attention, et conçut une grande idée du discoureur ; et, comme la marquise avait eu soin de le placer à côté d'elle, il s'approcha de son oreille et prit la liberté de lui demander qui était cet homme qui parlait si bien. « C'est un savant, dit la dame, qui ne ponte point, et que l'abbé m'amène quelquefois à souper ; il se connaît parfaitement en tragédies et en livres, et il a fait une tragédie sifflée, et un livre dont on n'a jamais vu hors de la boutique de son libraire qu'un exemplaire qu'il m'a dédié. — Le grand homme ! dit Candide, c'est un autre Pangloss. »

Alors se tournant vers lui, il lui dit : « Monsieur, vous pensez, sans doute, que tout est au mieux dans le monde physique et dans le moral, et que rien ne pouvait être autrement ? — Moi, monsieur, lui répondit le savant, je ne pense rien de tout cela ; je trouve que tout va de travers chez nous ; que personne ne sait ni quel est son rang, ni quelle est sa charge, et qu'excepté le souper, qui est assez gai, et où il paraît assez d'union, tout le reste du temps se passe en querelles impertinentes : jansénistes contre molinistes,[20] gens du parlement contre gens d'Église,[21] gens de lettres contre gens de lettres, courtisans contre courtisans, financiers contre le peuple, femmes contre maris, parents contre parents ; c'est une guerre éternelle. »

Candide lui répliqua : « J'ai vu pis ; mais un sage, qui depuis a eu le malheur d'être pendu, m'apprit que tout cela est à merveille ; ce sont des ombres à un beau tableau. — Votre pendu se moquait du monde, dit Martin ; vos ombres sont des taches horribles.[22] — Ce sont les hommes qui font les taches, dit Candide, et ils ne peuvent s'en dispenser. — Ce n'est donc pas leur faute »,[23] dit Martin. La plupart des pontes, qui n'entendaient rien à ce langage, buvaient, et

Martin raisonna avec le savant, et Candide raconta une partie de ses aventures à la dame du logis.

Après souper, la marquise mena Candide dans son cabinet et le fit asseoir sur un canapé. « Eh bien ! lui dit-elle, vous aimez donc toujours éperdument Mlle Cunégonde de Thunder-ten-tronckh ? — Oui, madame », répondit Candide. La marquise lui répliqua avec un sourire tendre : « Vous me répondez comme un jeune homme de la Westphalie ; un Français m'aurait dit : « Il est vrai que j'ai aimé Mlle Cunégonde ; mais en vous voyant, madame, je crains de ne la plus aimer. » — Hélas ! madame, dit Candide, je répondrai comme vous voudrez. — Votre passion pour elle, dit la marquise, a commencé en ramassant son mouchoir ; je veux que vous ramassiez ma jarretière. — De tout mon cœur, dit Candide, et il la ramassa. — Mais je veux que vous me la remettiez », dit la dame ; et Candide la lui remit. « Voyez-vous, dit la dame, vous êtes étranger ; je fais quelquefois languir mes amants de Paris quinze jours, mais je me rends à vous dès la première nuit, parce qu'il faut faire les honneurs de son pays à un jeune homme de Westphalie. » La belle, ayant aperçu deux énormes diamants aux deux mains de son jeune étranger, les loua de si bonne foi, que des doigts de Candide ils passèrent aux doigts de la marquise.

Candide, en s'en retournant avec son abbé périgourdin, sentit quelques remords d'avoir fait une infidélité à Mlle Cunégonde. M. l'abbé entra dans sa peine ; il n'avait qu'une légère part aux cinquante mille livres perdues au jeu par Candide, et à la valeur des deux brillants moitié donnés, moitié extorqués. Son dessein était de profiter, autant qu'il le pourrait, des avantages que la connaissance de Candide pouvait lui procurer. Il lui parla beaucoup de Cunégonde, et Candide lui dit qu'il demanderait bien pardon à cette belle de son infidélité, quand il la verrait à Venise.[24]

Le Périgourdin redoublait de politesses et d'attentions, et prenait un intérêt tendre à tout ce que Candide disait, à tout ce qu'il faisait, à tout ce qu'il voulait faire.

« Vous avez donc, monsieur, lui dit-il, un rendez-vous à Venise ? — Oui, monsieur l'abbé, dit Candide ; il faut absolument que j'aille trouver Mlle Cunégonde.» Alors,

engagé par le plaisir de parler de ce qu'il aimait, il conta, selon son usage, une partie de ses aventures avec cette illustre Westphalienne.

« Je crois, dit l'abbé, que Mlle Cunégonde a bien de l'esprit et qu'elle écrit des lettres charmantes. — Je n'en ai jamais reçu, dit Candide ; car, figurez-vous qu'ayant été chassé du château pour l'amour d'elle, je ne pus lui écrire ; que bientôt après j'appris qu'elle était morte, qu'ensuite je la retrouvai, et que je la perdis, et que je lui ai envoyé à deux mille cinq cents lieues d'ici un exprès dont j'attends la réponse.»

L'abbé écoutait attentivement et paraissait un peu rêveur. Il prit bientôt congé des deux étrangers, après les avoir tendrement embrassés. Le lendemain Candide reçut à son réveil une lettre conçue en ces termes :

« Monsieur mon très cher amant, il y a huit jours que je suis malade en cette ville ; j'apprends que vous y êtes. Je volerais dans vos bras si je pouvais remuer. J'ai su votre passage à Bordeaux ; j'y ai laissé le fidèle Cacambo et la vieille, qui doivent bientôt me suivre. Le gouverneur de Buenos-Ayres a tout pris, mais il me reste votre cœur. Venez ; votre présence me rendra la vie ou me fera mourir de plaisir.»

Cette lettre charmante, cette lettre inespérée, transporta Candide d'une joie inexprimable, et la maladie de sa chère Cunégonde l'accabla de douleur. Partagé entre ces deux sentiments, il prend son or et ses diamants et se fait conduire avec Martin à l'hôtel où Mlle Cunégonde demeurait. Il entre en tremblant d'émotion, son cœur palpite, sa voix sanglote ; il veut ouvrir les rideaux du lit ; il veut faire apporter de la lumière. « Gardez-vous-en bien, lui dit la suivante ; la lumière la tue » ; et soudain elle referme le rideau. « Ma chère Cunégonde, dit Candide en pleurant, comment vous portez-vous ? Si vous ne pouvez me voir, parlez-moi du moins. — Elle ne peut parler», dit la suivante. La dame alors tire du lit une main potelée que Candide arrose longtemps de ses larmes et qu'il remplit ensuite de diamants, en laissant un sac plein d'or sur le fauteuil.

Au milieu de ses transports arrive un exempt suivi de l'abbé périgourdin et d'une escouade. « Voilà donc, dit-il,

ces deux étrangers suspects ? » Il les fait incontinent saisir, et ordonne à ses braves de les traîner en prison. « Ce n'est pas ainsi qu'on traite les voyageurs dans le Dorado, dit Candide. — Je suis plus manichéen que jamais, dit Martin. — Mais, monsieur, où nous menez-vous ? dit Candide. — Dans un cul de basse-fosse », dit l'exempt.

Martin, ayant repris son sang-froid, jugea que la dame qui se prétendait Cunégonde était une friponne, M. l'abbé périgourdin un fripon, qui avait abusé au plus vite de l'innocence de Candide, et l'exempt un autre fripon dont on pouvait aisément se débarrasser.

Plutôt que de s'exposer aux procédures de la justice, Candide, éclairé par son conseil, et d'ailleurs toujours impatient de revoir la véritable Cunégonde, propose à l'exempt trois petits diamants d'environ trois mille pistoles chacun. « Ah ! monsieur, lui dit l'homme au bâton d'ivoire, eussiez-vous commis tous les crimes imaginables, vous êtes le plus honnête homme du monde. Trois diamants ! chacun de trois mille pistoles ! Monsieur ! je me ferais tuer pour vous au lieu de vous mener dans un cachot. On arrête tous les étrangers, mais laissez-moi faire ; j'ai un frère à Dieppe en Normandie ; je vais vous y mener, et si vous avez quelque diamant à lui donner, il aura soin de vous comme moi-même.

— Et pourquoi arrête-t-on tous les étrangers ? » dit Candide. L'abbé périgourdin prit alors la parole, et dit : « C'est parce qu'un gueux du pays d'Atrébatie[25] a entendu dire des sottises ; cela seul lui a fait commettre un parricide, non pas tel que celui de 1610 au mois de mai,[26] mais tel que celui de 1594 au mois de décembre,[27] et tel que plusieurs autres commis dans d'autres années et dans d'autres mois par d'autres gueux qui avaient entendu dire des sottises.»

L'exempt alors expliqua de quoi il s'agissait. « Ah ! les monstres ! s'écria Candide ; quoi ! de telles horreurs chez un peuple qui danse et qui chante ! Ne pourrai-je sortir au plus vite de ce pays où des singes agacent des tigres ? J'ai vu des ours dans mon pays ; je n'ai vu des hommes que dans le Dorado. Au nom de Dieu, monsieur l'exempt, menez-moi à Venise, où je dois attendre Mlle Cunégonde. — Je ne peux vous mener qu'en basse Normandie », dit le barigel.[28] Aussi-

tôt il lui fait ôter ses fers, dit qu'il s'est mépris, renvoie ses gens et emmène à Dieppe Candide et Martin, et les laisse entre les mains de son frère. Il y avait un petit vaisseau hollandais à la rade. Le Normand, à l'aide de trois autres diamants, devenu le plus serviable des hommes, embarque Candide et ses gens dans le vaisseau qui allait faire voile pour Portsmouth en Angleterre. Ce n'était pas le chemin de Venise ; mais Candide croyait être délivré de l'enfer, et il comptait bien reprendre la route de Venise à la première occasion.

CHAPITRE XXIII

CANDIDE ET MARTIN VONT SUR LES CÔTES D'ANGLETERRE ; CE QU'ILS Y VOIENT

« Ah ! Pangloss ! Pangloss ! Ah ! Martin ! Martin ! Ah ! ma chère Cunégonde ! qu'est-ce que ce monde-ci ? disait Candide sur le vaisseau hollandais. — Quelque chose de bien fou et de bien abominable, répondait Martin. — Vous connaissez l'Angleterre ; y est-on aussi fou qu'en France ? — C'est une autre espèce de folie, dit Martin. Vous savez que ces deux nations sont en guerre pour quelques arpents de neige vers le Canada, et qu'elles dépensent pour cette belle guerre beaucoup plus que tout le Canada ne vaut.[1] De vous dire précisément s'il y a plus de gens à lier dans un pays que dans un autre, c'est ce que mes faibles lumières ne me permettent pas ; je sais seulement qu'en général les gens que nous allons voir sont fort atrabilaires.»

En causant ainsi ils abordèrent à Portsmouth ; une multitude de peuple couvrait le rivage, et regardait attentivement un assez gros homme qui était à genoux, les yeux bandés, sur le tillac d'un des vaisseaux de la flotte ; quatre soldats, postés vis-à-vis de cet homme, lui tirèrent chacun trois balles dans le crâne, le plus paisiblement du monde ; et toute l'assemblée s'en retourna extrêmement satisfaite.[2] « Qu'est-ce donc que tout ceci ? dit Candide ; et quel démon exerce partout son empire ? » Il demanda qui était ce gros homme qu'on venait de tuer en cérémonie. « C'est un amiral, lui

répondit-on. — Et pourquoi tuer cet amiral ? — C'est, lui dit-on, parce qu'il n'a pas fait tuer assez de monde ; il a livré un combat à un amiral français et on a trouvé qu'il n'était pas assez près de lui. — Mais, dit Candide, l'amiral français était aussi loin de l'amiral anglais que celui-ci l'était de l'autre ! — Cela est incontestable, lui répliqua-t-on ; mais dans ce pays-ci il est bon de tuer de temps en temps un amiral pour encourager les autres.»

Candide fut si étourdi et si choqué de ce qu'il voyait et de ce qu'il entendait, qu'il ne voulut pas seulement mettre pied à terre, et qu'il fit son marché avec le patron hollandais (dût-il le voler comme celui de Surinam), pour le conduire sans délai à Venise.

Le patron fut prêt au bout de deux jours. On côtoya la France ; on passa à la vue de Lisbonne, et Candide frémit. On entra dans le détroit, et dans la Méditerranée, enfin on aborda à Venise. « Dieu soit loué ! dit Candide, en embrassant Martin ; c'est ici que je reverrai la belle Cunégonde. Je compte sur Cacambo comme sur moi-même. Tout est bien, tout va bien, tout va le mieux qu'il soit possible.»

CHAPITRE XXIV

DE PAQUETTE ET DE FRÈRE GIROFLÉE

Dès qu'il fut à Venise, il fit chercher Cacambo dans tous les cabarets, dans tous les cafés, chez toutes les filles de joie, et ne le trouva point. Il envoyait tous les jours à la découverte de tous les vaisseaux et de toutes les barques : nulles nouvelles de Cacambo. « Quoi ! disait-il à Martin, j'ai eu le temps de passer de Surinam à Bordeaux, d'aller de Bordeaux à Paris, de Paris à Dieppe, de Dieppe à Portsmouth, de côtoyer le Portugal et l'Espagne, de traverser toute la Méditerranée, de passer quelques mois à Venise, et la belle Cunégonde n'est point venue ! Je n'ai rencontré au lieu d'elle qu'une drôlesse et un abbé périgourdin ! Cunégonde est morte, sans doute ; je n'ai plus qu'à mourir. Ah ! il valait mieux rester dans le paradis du Dorado que de

revenir dans cette maudite Europe. Que vous avez raison, mon cher Martin ! tout n'est qu'illusion et calamité.»

Il tomba dans une mélancolie noire, et ne prit aucune part à l'opéra *alla moda*,[1] ni aux autres divertissements du carnaval[2]; pas une dame ne lui donna la moindre tentation. Martin lui dit : « Vous êtes bien simple, en vérité, de vous figurer qu'un valet métis, qui a cinq ou six millions dans ses poches, ira chercher votre maîtresse au bout du monde, et vous l'amènera à Venise. Il la prendra pour lui, s'il la trouve; s'il ne la trouve pas, il en prendra une autre : je vous conseille d'oublier votre valet Cacambo et votre maîtresse Cunégonde.» Martin n'était pas consolant. La mélancolie de Candide augmenta, et Martin ne cessait de lui prouver qu'il y avait peu de vertu et peu de bonheur sur la terre, excepté peut-être dans Eldorado, où personne ne pouvait aller.

En disputant sur cette matière importante, et en attendant Cunégonde, Candide aperçut un jeune théatin[3] dans la place Saint-Marc, qui tenait sous le bras une fille. Le théatin paraissait frais, potelé, vigoureux ; ses yeux étaient brillants, son air assuré, sa mine haute, sa démarche fière. La fille était très jolie, et chantait ; elle regardait amoureusement son théatin, et de temps en temps lui pinçait ses grosses joues. « Vous m'avouerez du moins, dit Candide à Martin. que ces gens-ci sont heureux. Je n'ai trouvé jusqu'à présent dans toute la terre habitable, excepté dans Eldorado, que des infortunés ; mais pour cette fille et ce théatin, je gage que ce sont des créatures très heureuses. — Je gage que non, dit Martin. — Il n'y a qu'à les prier à dîner, dit Candide, et vous verrez si je me trompe.»

Aussitôt il les aborde, il leur fait son compliment, et les invite à venir à son hôtellerie manger des macaroni, des perdrix de Lombardie, des œufs d'esturgeon, et à boire du vin de Montepulciano, du lacryma-christi, du chypre et du samos. La demoiselle rougit, le théatin accepta la partie, et la fille le suivit en regardant Candide avec des yeux de surprise et de confusion, qui furent obscurcis de quelques larmes. A peine fut-elle entrée dans la chambre de Candide, qu'elle lui dit : « Eh quoi ! monsieur Candide ne reconnaît plus Paquette ! » A ces mots Candide, qui ne l'avait pas

considérée jusque-là avec attention, parce qu'il n'était occupé que de Cunégonde, lui dit : « Hélas ! ma pauvre enfant, c'est donc vous qui avez mis le docteur Pangloss dans le bel état où je l'ai vu ?

— Hélas ! monsieur, c'est moi-même, dit Paquette ; je vois que vous êtes instruit de tout. J'ai su les malheurs épouvantables arrivés à toute la maison de Mme la baronne et à la belle Cunégonde. Je vous jure que ma destinée n'a guère été moins triste. J'étais fort innocente quand vous m'avez vue. Un cordelier, qui était mon confesseur, me séduisit aisément.[4] Les suites en furent affreuses ; je fus obligée de sortir du château quelque temps après que M. le baron vous eut renvoyé à grands coups de pied dans le derrière. Si un fameux médecin n'avait pas pris pitié de moi, j'étais morte. Je fus quelque temps par reconnaissance la maîtresse de ce médecin. Sa femme, qui était jalouse à la rage, me battait tous les jours impitoyablement ; c'était une furie. Ce médecin était le plus laid de tous les hommes, et moi la plus malheureuse de toutes les créatures d'être battue continuellement pour un homme que je n'aimais pas. Vous savez, monsieur, combien il est dangereux pour une femme acariâtre d'être l'épouse d'un médecin. Celui-ci, outré des procédés de sa femme, lui donna un jour, pour la guérir d'un petit rhume, une médecine si efficace, qu'elle en mourut en deux heures de temps dans des convulsions horribles. Les parents de madame intentèrent à monsieur un procès criminel ; il prit la fuite, et moi je fus mise en prison. Mon innocence ne m'aurait pas sauvée, si je n'avais été un peu jolie. Le juge m'élargit à condition qu'il succéderait au médecin. Je fus bientôt supplantée par une rivale, chassée sans récompense, et obligée de continuer ce métier abominable qui vous paraît si plaisant à vous autres hommes, et qui n'est pour nous qu'un abîme de misères. J'allai exercer la profession à Venise. Ah ! monsieur, si vous pouviez vous imaginer ce que c'est que d'être obligée de caresser indifféremment un vieux marchand, un avocat, un moine, un gondolier, un abbé ; d'être exposée à toutes les insultes, à toutes les avanies ; d'être souvent réduite à emprunter une jupe pour aller se la faire lever par un homme dégoûtant ; d'être volée par l'un de ce qu'on a gagné avec l'autre ;

d'être rançonnée par les officiers de justice, et de n'avoir en perspective qu'une vieillesse affreuse, un hôpital et un fumier,[5] vous concluriez que je suis une des plus malheureuses créatures du monde.»

Paquette ouvrait ainsi son cœur au bon Candide, dans un cabinet, en présence de Martin, qui disait à Candide : « Vous voyez que j'ai déjà gagné la moitié de la gageure.»

Frère Giroflée était resté dans la salle à manger et buvait un coup en attendant le dîner. « Mais, dit Candide à Paquette, vous aviez l'air si gai, si content, quand je vous ai rencontrée ; vous chantiez, vous caressiez le théatin avec une complaisance naturelle ; vous m'avez paru aussi heureuse que vous prétendez être infortunée.—Ah! monsieur, répondit Paquette, c'est encore là une des misères du métier. J'ai été hier volée et battue par un officier, et il faut aujourd'hui que je paraisse de bonne humeur pour plaire à un moine.»

Candide n'en voulut pas davantage ; il avoua que Martin avait raison. On se mit à table avec Paquette et le théatin ; le repas fut assez amusant, et sur la fin on se parla avec quelque confiance. « Mon père, dit Candide au moine, vous me paraissez jouir d'une destinée que tout le monde doit envier ; la fleur de la santé brille sur votre visage, votre physionomie annonce le bonheur ; vous avez une très jolie fille pour votre récréation, et vous paraissez très content de votre état de théatin.

— Ma foi, monsieur, dit frère Giroflée, je voudrais que tous les théatins fussent au fond de la mer. J'ai été tenté cent fois de mettre le feu au couvent, et d'aller me faire Turc.[6] Mes parents me forcèrent, à l'âge de quinze ans, d'endosser cette détestable robe, pour laisser plus de fortune à un maudit frère aîné, que Dieu confonde ! La jalousie, la discorde, la rage, habitent dans le couvent. Il est vrai que j'ai prêché quelques mauvais sermons qui m'ont valu un peu d'argent dont le prieur me vole la moitié ; le reste me sert à entretenir des filles : mais quand je rentre le soir dans le monastère, je suis prêt de me casser la tête contre les murs du dortoir ; et tous mes confrères sont dans le même cas.»[7]

Martin se tournant vers Candide avec son sang-froid ordinaire : « Eh bien ! lui dit-il, n'ai-je pas gagné la gageure

toute entière ? » Candide donna deux mille piastres à Pa-
quette, et mille piastres à frère Giroflée. « Je vous réponds,
dit-il, qu'avec cela ils seront heureux. — Je n'en crois rien du
tout, dit Martin ; vous les rendrez peut-être avec ces piastres
beaucoup plus malheureux encore. — Il en sera ce qui
pourra, dit Candide, mais une chose me console : je vois
qu'on retrouve souvent les gens qu'on ne croyait jamais
retrouver ; il se pourra bien faire qu'ayant rencontré mon
mouton rouge et Paquette, je rencontre aussi Cunégonde.
— Je souhaite, dit Martin, qu'elle fasse un jour votre
bonheur ; mais c'est de quoi je doute fort. — Vous êtes bien
dur, dit Candide. — C'est que j'ai vécu, dit Martin.

 — Mais regardez ces gondoliers, dit Candide; ne chantent-
ils pas sans cesse? — Vous ne les voyez pas dans leur ménage,
avec leurs femmes et leurs marmots d'enfants, dit Martin.
Le doge a ses chagrins, les gondoliers ont les leurs. Il est
vrai qu'à tout prendre le sort d'un gondolier est préférable à
celui d'un doge ; mais je crois la différence si médiocre, que
cela ne vaut pas la peine d'être examiné.

 — On parle, dit Candide, du sénateur Pococurante,[8] qui
demeure dans ce beau palais sur la Brenta,[9] et qui reçoit
assez bien les étrangers. On prétend que c'est un homme qui
n'a jamais eu de chagrin. — Je voudrais voir une espèce si
rare », dit Martin. Candide aussitôt fit demander au seigneur
Pococurante la permission de venir le voir le lendemain.

CHAPITRE XXV

VISITE CHEZ LE SEIGNEUR POCOCURANTE, NOBLE
VÉNITIEN

CANDIDE et Martin allèrent en gondole sur la Brenta, et
arrivèrent au palais du noble Pococurante. Les jardins
étaient bien entendus, et ornés de belles statues de marbre ;
le palais, d'une belle architecture. Le maître du logis,
homme de soixante ans, fort riche, reçut très poliment les
deux curieux, mais avec très peu d'empressement, ce qui
déconcerta Candide, et ne déplut point à Martin.
 D'abord deux filles jolies et proprement mises servirent

du chocolat, qu'elles firent très bien mousser. Candide ne put s'empêcher de les louer sur leur beauté, sur leur bonne grâce et sur leur adresse. « Ce sont d'assez bonnes créatures, dit le sénateur Pococurante ; je les fais quelquefois coucher dans mon lit ; car je suis bien las des dames de la ville, de leurs coquetteries, de leurs jalousies, de leurs querelles, de leurs humeurs, de leurs petitesses, de leur orgueil, de leurs sottises, et des sonnets qu'il faut faire ou commander pour elles ; mais, après tout, ces deux filles commencent fort à m'ennuyer.»

Candide, après le déjeuner, se promenant dans une longue galerie, fut surpris de la beauté des tableaux. Il demanda de quel maître étaient les deux premiers. « Ils sont de Raphaël,[1] dit le sénateur ; je les achetai fort cher par vanité, il y a quelques années. . . . On dit que c'est ce qu'il y a de plus beau en Italie ; mais ils ne me plaisent point du tout : la couleur en est très rembrunie, les figures ne sont pas assez arrondies et ne sortent point assez ; les draperies ne ressemblent en rien à une étoffe. En un mot, quoi qu'on en dise, je ne trouve point là une imitation vraie de la nature. Je n'aimerai un tableau que quand je croirai voir la nature elle-même : il n'y en a point de cette espèce. J'ai beaucoup de tableaux, mais je ne les regarde plus.»

Pococurante, en attendant le dîner, se fit donner un concerto. Candide trouva la musique délicieuse. « Ce bruit, dit Pococurante, peut amuser une demi-heure ; mais, s'il dure plus longtemps, il fatigue tout le monde, quoique personne n'ose l'avouer. La musique, aujourd'hui, n'est plus que l'art d'exécuter des choses difficiles, et ce qui n'est que difficile ne plaît point à la longue.

« J'aimerais peut-être mieux l'opéra, si on n'avait pas trouvé le secret d'en faire un monstre qui me révolte. Ira voir qui voudra de mauvaises tragédies en musique, où les scènes ne sont faites que pour amener très mal à propos deux ou trois chansons ridicules qui font valoir le gosier d'une actrice ; se pâmera de plaisir qui voudra ou qui pourra en voyant un châtré fredonner le rôle de César et de Caton, et se promener d'un air gauche sur des planches.[2] Pour moi, il y a longtemps que j'ai renoncé à ces pauvretés qui font aujourd'hui la gloire de l'Italie, et que des souve-

rains payent si chèrement.» Candide disputa un peu, mais avec discrétion. Martin fut entièrement de l'avis du sénateur.

On se mit à table, et, après un excellent dîner, on entra dans la bibliothèque. Candide, en voyant un Homère magnifiquement relié, loua l'illustrissime sur son bon goût : « Voilà, dit-il, un livre qui faisait les délices du grand Pangloss, le meilleur philosophe de l'Allemagne. — Il ne fait pas les miennes, dit froidement Pococurante ; on me fit accroire autrefois que j'avais du plaisir en le lisant ; mais cette répétition continuelle de combats qui se ressemblent tous, ces dieux qui agissent toujours pour ne rien faire de décisif, cette Hélène qui est le sujet de la guerre, et qui à peine est une actrice de la pièce ; cette Troie qu'on assiège, et qu'on ne prend point : tout cela me causait le plus mortel ennui. J'ai demandé quelquefois à des savants s'ils s'ennuyaient autant que moi à cette lecture : tous les gens sincères m'ont avoué que le livre leur tombait des mains, mais qu'il fallait toujours l'avoir dans sa bibliothèque comme un monument de l'antiquité, et comme ces médailles rouillées qui ne peuvent être de commerce.[3]

— Votre Excellence ne pense pas ainsi de Virgile ? dit Candide. — Je conviens, dit Pococurante, que le second, le quatrième et le sixième livre de son Énéide sont excellents ; mais, pour son pieux Énée, et le fort Cloanthe, et l'ami Achates, et le petit Ascanius, et l'imbécile roi Latinus, et la bourgeoise Amata, et l'insipide Lavinia, je ne crois pas qu'il y ait rien de si froid et de plus désagréable.[4] J'aime mieux le Tasse[5] et les contes à dormir debout de l'Arioste.[6]

— Oserais-je vous demander, monsieur, dit Candide, si vous n'avez pas un grand plaisir à lire Horace ? — Il y a des maximes, dit Pococurante, dont un homme du monde peut faire son profit, et qui, étant resserrées dans des vers énergiques, se gravent plus aisément dans la mémoire[7] : mais je me soucie fort peu de son voyage à Brindes,[8] et de sa description d'un mauvais dîner,[9] et de la querelle de crocheteurs entre je ne sais quel Pupilus, dont les paroles, dit-il, *étaient pleines de pus*, et un autre dont les paroles *étaient du vinaigre*.[10] Je n'ai lu qu'avec un extrême dégoût ses vers grossiers contre des vieilles et contre des sorcières,[11] et je ne vois pas quel mérite il peut y avoir à dire à son ami

Mecenas que, s'il est mis par lui au rang des poètes lyriques, il frappera les astres de son front sublime.[12] Les sots admirent tout dans un auteur estimé. Je ne lis que pour moi; je n'aime que ce qui est à mon usage.» Candide, qui avait été élevé à ne jamais juger de rien par lui-même, était fort étonné de ce qu'il entendait, et Martin trouvait la façon de penser de Pococurante assez raisonnable.

« Oh ! voici un Cicéron, dit Candide ; pour ce grand homme-là, je pense que vous ne vous lassez point de le lire. — Je ne le lis jamais, répondit le Vénitien. Que m'importe qu'il ait plaidé pour Rabirius ou pour Cluentius ?[13] j'ai bien assez des procès que je juge. Je me serais mieux accommodé de ses œuvres philosophiques ; mais, quand j'ai vu qu'il doutait de tout, j'ai conclu que j'en savais autant que lui, et que je n'avais besoin de personne pour être ignorant.

— Ah ! voilà quatre-vingts volumes de recueils d'une académie des sciences ! s'écria Martin. Il se peut qu'il y ait là du bon. — Il y en aurait, dit Pococurante, si un seul des auteurs de ces fatras avait inventé seulement l'art de faire des épingles ; mais il n'y a, dans tous ces livres, que de vains systèmes, et pas une seule chose utile.[14]

— Que de pièces de théâtre je vois là ! ... dit Candide ; en italien, en espagnol, en français... — Oui, dit le sénateur ; il y en a trois mille, et pas trois douzaines de bonnes ... Pour ces recueils de sermons, qui, tous ensemble, ne valent pas une page de Sénèque,[15] et tous ces gros volumes de théologie, vous pensez bien que je ne les ouvre jamais, ni moi, ni personne.»

Martin aperçut des rayons chargés de livres anglais. « Je crois, dit-il, qu'un républicain doit se plaire à la plupart de ces ouvrages écrits si librement. — Oui, répondit Pococurante, il est beau d'écrire ce qu'on pense ; c'est le privilège de l'homme. Dans toute notre Italie, on n'écrit que ce qu'on ne pense pas ; ceux qui habitent la patrie des Césars et des Antonins n'osent avoir une idée sans la permission d'un jacobin.[16] Je serais content de la liberté qui inspire les génies anglais, si la passion et l'esprit de parti ne corrompaient pas tout ce que cette précieuse liberté a d'estimable.»[17]

Candide, apercevant un Milton, lui demanda s'il ne regardait pas cet auteur comme un grand homme. «Qui? dit

Pococurante, ce barbare qui fait un long commentaire du premier chapitre de la *Genèse*, en dix livres de vers durs ? ce grossier imitateur des Grecs, qui défigure la création et qui, tandis que Moïse représente l'Être éternel produisant le monde par la parole, fait prendre un grand compas par le Messiah dans une armoire du ciel pour tracer son ouvrage ? Moi, j'estimerais celui qui a gâté l'enfer et le diable du Tasse, qui déguise Lucifer tantôt en crapaud, tantôt en pygmée ; qui lui fait rebattre cent fois les mêmes discours, qui le fait disputer sur la théologie, qui, en imitant sérieusement l'invention comique des armes à feu de l'Arioste, fait tirer le canon dans le ciel par les diables ? Ni moi ni personne, en Italie, n'a pu se plaire à toutes ces tristes extravagances. Et le mariage du Péché et de la Mort, et les couleuvres dont le Péché accouche, font vomir tout homme qui a le goût un peu délicat. Et sa longue description d'un hôpital n'est bonne que pour un fossoyeur. Ce poème obscur, bizarre et dégoûtant, fut méprisé à sa naissance ; je le traite aujourd'hui comme il fut traité dans sa patrie par les contemporains.[18] Au reste, je dis ce que je pense, et je me soucie fort peu que les autres pensent comme moi.» Candide était affligé de ces discours : il respectait Homère, il aimait un peu Milton. « Hélas ! dit-il tout bas à Martin, j'ai bien peur que cet homme-ci n'ait un souverain mépris pour nos poètes allemands.[19] — Il n'y aurait pas grand mal à cela, dit Martin. — Oh ! quel homme supérieur ! disait Candide entre ses dents ; quel grand génie que ce Pococurante ! rien ne peut lui plaire.»

Après avoir fait ainsi la revue de tous les livres, ils descendirent dans le jardin. Candide en loua toutes les beautés. « Je ne sais rien de si mauvais goût, dit le maître ; nous n'avons ici que des colifichets ; mais je vais, dès demain, en faire planter un d'un dessin plus noble.»

Quand les deux curieux eurent pris congé de Son Excellence : « Or çà, dit Candide à Martin, vous conviendrez que voilà le plus heureux de tous les hommes, car il est au-dessus de tout ce qu'il possède. — Ne voyez-vous pas, dit Martin, qu'il est dégoûté de tout ce qu'il possède ? Platon[20] a dit, il y a longtemps, que les meilleurs estomacs ne sont pas ceux qui rebutent tous les aliments. — Mais, dit Candide,

n'y a-t-il pas du plaisir à tout critiquer, à sentir des défauts où les autres hommes croient voir des beautés ? — C'est-à-dire, reprit Martin, qu'il y a du plaisir à n'avoir pas de plaisir ? — Oh bien ! dit Candide, il n'y a donc d'heureux que moi, quand je reverrai Mlle Cunégonde. — C'est toujours bien fait d'espérer », dit Martin.

Cependant les jours, les semaines s'écoulaient ; Cacambo ne revenait point, et Candide était si abîmé dans sa douleur, qu'il ne fit pas même réflexion que Paquette et frère Giroflée n'étaient pas venus seulement le remercier.

CHAPITRE XXVI

D'UN SOUPER QUE CANDIDE ET MARTIN FIRENT AVEC SIX ÉTRANGERS, ET QUI ILS ÉTAIENT[1]

Un soir que Candide, suivi de Martin, allait se mettre à table avec les étrangers qui logeaient dans la même hôtellerie, un homme à visage couleur de suie l'aborda par derrière, et, le prenant par le bras, lui dit : « Soyez prêt à partir avec nous . . . n'y manquez pas.» Il se retourne, et voit Cacambo. Il n'y avait que la vue de Cunégonde qui pût l'étonner et lui plaire davantage. Il fut sur le point de devenir fou de joie. Il embrasse son cher ami. « Cunégonde est ici, sans doute? où est-elle ? . . . mène-moi vers elle, que je meure de joie avec elle ! — Cunégonde n'est point ici, dit Cacambo, elle est à Constantinople. — Ah ciel ! à Constantinople ! . . . mais fût-elle à la Chine, j'y vole . . . partons. — Nous partirons après souper, reprit Cacambo ; je ne peux vous en dire davantage ; je suis esclave ; mon maître m'attend ; il faut que j'aille le servir à table . . . Ne dites mot, soupez et tenez-vous prêt.»

Candide, partagé entre la joie et la douleur, charmé d'avoir revu son agent fidèle, étonné de le voir esclave, plein de l'idée de retrouver sa maîtresse, le cœur agité, l'esprit bouleversé, se mit à table avec Martin, qui voyait de sang-froid toutes ces aventures, et avec six étrangers, qui étaient venus passer le carnaval à Venise.

Cacambo, qui versait à boire à l'un de ces étrangers, s'ap-

procha de l'oreille de son maître, sur la fin du repas, et lui dit : « Sire, Votre Majesté partira quand elle voudra, le vaisseau est prêt.» Ayant dit ces mots, il sortit. Les convives, étonnés, se regardaient sans proférer une seule parole, lorsqu'un autre domestique, s'approchant de son maître, lui dit : « Sire, la chaise de Votre Majesté est à Padoue, et la barque est prête.» Le maître fit un signe, et le domestique partit. Tous les convives se regardèrent encore, et la surprise commune redoubla. Un troisième valet, s'approchant aussi d'un troisième étranger, lui dit : « Sire, croyez-moi, Votre Majesté ne doit pas rester ici plus longtemps, je vais tout préparer » ; et aussitôt il disparut.

Candide et Martin ne doutèrent pas alors que ce ne fût une mascarade du carnaval. Un quatrième domestique dit au quatrième maître : « Votre Majesté partira quand elle voudra », et sortit comme les autres. Le cinquième valet en dit autant au cinquième maître. Mais le sixième valet parla différemment au sixième étranger qui était auprès de Candide ; il lui dit : « Ma foi, sire, on ne veut plus faire crédit à Votre Majesté ni à moi non plus, et nous pourrions bien être coffrés cette nuit vous et moi ; je vais pourvoir à mes affaires : adieu.»

Tous les domestiques ayant disparu, les six étrangers, Candide et Martin, demeurèrent dans un profond silence. Enfin Candide le rompit : « Messieurs, dit-il, voilà une singulière plaisanterie. Pourquoi êtes-vous tous rois ? pour moi, je vous avoue que ni moi ni Martin nous ne le sommes.»

Le maître de Cacambo prit alors gravement la parole, et dit en italien : « Je ne suis point plaisant, je m'appelle Achmet III[2] ; j'ai été grand sultan plusieurs années ; je détrônai mon frère ; mon neveu m'a détrôné ; on a coupé le cou à mes vizirs ; j'achève ma vie dans le vieux sérail ; mon neveu le grand sultan Mahmoud me permet de voyager quelquefois pour ma santé ; et je suis venu passer le carnaval à Venise.»

Un jeune homme qui était auprès d'Achmet parla après lui, et dit : « Je m'appelle Ivan[3] ; j'ai été empereur de toutes les Russies, j'ai été détrôné au berceau ; mon père et ma mère ont été enfermés ; on m'a élevé en prison ; j'ai quelquefois la permission de voyager, accompagné de ceux qui me

gardent ; et je suis venu passer le carnaval à Venise.»

Le troisième dit : « Je suis Charles-Édouard, roi d'Angleterre[4] ; mon père[5] m'a cédé ses droits au royaume ; j'ai combattu pour les soutenir ; on a arraché le cœur à huit cents de mes partisans, et on leur en a battu les joues ; j'ai été mis en prison ; je vais à Rome faire une visite au roi mon père, détrôné ainsi que moi et mon grand-père[6] : et je suis venu passer le carnaval à Venise.»

Le quatrième prit alors la parole et dit : « Je suis roi des Polaques[7] ; le sort de la guerre m'a privé de mes États héréditaires ; mon père[8] a éprouvé les mêmes revers ; je me résigne à la Providence comme le sultan Achmet, l'empereur Ivan, et le roi Charles-Édouard, à qui Dieu donne une longue vie ; et je suis venu passer le carnaval à Venise.»

Le cinquième dit : « Je suis aussi roi des Polaques[9] ; j'ai perdu mon royaume deux fois ; mais la Providence m'a donné un autre État, dans lequel j'ai fait plus de bien que tous les rois des Sarmates[10] ensemble n'en ont jamais pu faire sur les bords de la Vistule. Je me résigne aussi à la Providence ; et je suis venu passer le carnaval à Venise.»

Il restait au sixième monarque à parler. « Messieurs, dit-il, je ne suis pas si grand seigneur que vous ; mais enfin j'ai été roi tout comme un autre ; je suis Théodore,[11] on m'a élu roi en Corse ; on m'a appelé *Votre Majesté*, et à présent à peine m'appelle-t-on *Monsieur* ; j'ai fait frapper de la monnaie, et je ne possède pas un denier ; j'ai eu deux secrétaires d'État, et j'ai à peine un valet ; je me suis vu sur un trône, et j'ai longtemps été à Londres en prison sur la paille ; j'ai bien peur d'être traité de même ici, quoique je sois venu, comme Vos Majestés, passer le carnaval à Venise.»

Les cinq autres rois écoutèrent ce discours avec une noble compassion. Chacun d'eux donna vingt sequins[12] au roi Théodore pour avoir des habits et des chemises ; Candide lui fit présent d'un diamant de deux mille sequins. « Quel est donc, disaient les cinq rois, ce simple particulier qui est en état de donner cent fois autant que chacun de nous, et qui le donne ?»

Dans l'instant qu'on sortait de table, il arriva dans la même hôtellerie quatre altesses sérénissimes qui avaient aussi perdu leurs États par le sort de la guerre, et qui

venaient passer le reste du carnaval à Venise; mais Candide ne prit pas seulement garde à ces nouveaux venus. Il n'était occupé que d'aller trouver sa chère Cunégonde à Constantinople.

CHAPITRE XXVII

VOYAGE DE CANDIDE A CONSTANTINOPLE

Le fidèle Cacambo avait déjà obtenu du patron turc qui allait reconduire le sultan Achmet à Constantinople qu'il recevrait Candide et Martin sur son bord. L'un et l'autre s'y rendirent après s'être prosternés devant Sa misérable Hautesse. Candide, chemin faisant, disait à Martin : « Voilà pourtant six rois détrônés avec qui nous avons soupé ! et encore dans ces six rois il y en a un à qui j'ai fait l'aumône. Peut-être y a-t-il beaucoup d'autres princes plus infortunés. Pour moi, je n'ai perdu que cent moutons, et je vole dans les bras de Cunégonde. Mon cher Martin, encore une fois, Pangloss avait raison, tout est bien. — Je le souhaite, dit Martin. — Mais, dit Candide, voilà une aventure bien peu vraisemblable que nous avons eue à Venise. On n'avait jamais vu ni ouï conter que six rois détrônés soupassent ensemble au cabaret. — Cela n'est pas plus extraordinaire, dit Martin, que la plupart des choses qui nous sont arrivées. Il est très commun que des rois soient détrônés ; et à l'égard de l'honneur que nous avons eu de souper avec eux, c'est une bagatelle qui ne mérite pas notre attention. »

A peine Candide fut-il dans le vaisseau, qu'il sauta au cou de son ancien valet, de son ami Cacambo. « Eh bien ! lui dit-il, que fait Cunégonde ? est-elle toujours un prodige de beauté ? m'aime-t-elle toujours ? comment se porte-t-elle ? Tu lui as sans doute acheté un palais à Constantinople ?

— Mon cher maître, répondit Cacambo, Cunégonde lave les écuelles sur le bord de la Propontide,[1] chez un prince qui a très peu d'écuelles ; elle est esclave dans la maison d'un ancien souverain, nommé Ragotski,[2] à qui le Grand Turc[3] donne trois écus par jour dans son asile ; mais, ce qui est bien plus triste, c'est qu'elle a perdu sa beauté, et qu'elle est

devenue horriblement laide. — Ah ! belle ou laide, dit Candide, je suis honnête homme, et mon devoir est de l'aimer toujours. Mais comment peut-elle être réduite à un état si abject avec les cinq ou six millions que tu avais apportés ? — Bon, dit Cacambo, ne m'en a-t-il pas fallu donner deux millions au señor don Fernando d'Ibaraa y Figueora y Mascarenes y Lampourdos y Souza, gouverneur de Buenos-Ayres, pour avoir la permission de reprendre Mlle Cunégonde ? et un pirate ne nous a-t-il pas bravement dépouillés de tout le reste ? Ce pirate ne nous a-t-il pas menés au cap de Matapan, à Milo, à Nicarie, à Samos, à Petra, aux Dardanelles, à Marmara, à Scutari ? Cunégonde et la vieille servent chez ce prince dont je vous ai parlé, et moi je suis esclave du sultan détrôné. — Que d'épouvantables calamités enchaînées les unes aux autres ! dit Candide. Mais, après tout, j'ai encore quelques diamants ; je délivrerai aisément Cunégonde. C'est bien dommage qu'elle soit devenue si laide.»

Ensuite, se tournant vers Martin : « Que pensez-vous, dit-il, qui soit le plus à plaindre, de l'empereur Achmet, de l'empereur Ivan, du roi Charles-Édouard, ou de moi ? — Je n'en sais rien, dit Martin ; il faudrait que je fusse dans vos cœurs pour le savoir. — Ah ! dit Candide, si Pangloss était ici, il le saurait, et nous l'apprendrait.[4] — Je ne sais, dit Martin, avec quelles balances votre Pangloss aurait pu peser les infortunes des hommes, et apprécier leurs douleurs. Tout ce que je présume, c'est qu'il y a des millions d'hommes sur la terre cent fois plus à plaindre que le roi Charles-Édouard, l'empereur Ivan, et le sultan Achmet. — Cela pourrait bien être », dit Candide.

On arriva en peu de jours sur le canal de la mer Noire. Candide commença par racheter Cacambo fort cher ; et, sans perdre de temps, il se jeta dans une galère, avec ses compagnons, pour aller sur le rivage de la Propontide chercher Cunégonde, quelque laide qu'elle pût être.

Il y avait dans la chiourme deux forçats qui ramaient fort mal, et à qui le levanti patron[5] appliquait de temps en temps quelques coups de nerf de bœuf sur leurs épaules nues ; Candide, par un mouvement naturel, les regarda plus attentivement que les autres galériens, et s'approcha d'eux

77

avec pitié. Quelques traits de leurs visages défigurés lui parurent avoir un peu de ressemblance avec Pangloss et avec ce malheureux jésuite, ce baron, ce frère de Mlle Cunégonde. Cette idée l'émut et l'attrista. Il les considéra encore plus attentivement. « En vérité, dit-il à Cacambo, si je n'avais pas vu pendre maître Pangloss, et si je n'avais pas eu le malheur de tuer le baron, je croirais que ce sont eux qui rament dans cette galère. »

Au nom du baron et de Pangloss les deux forçats poussèrent un grand cri, s'arrêtèrent sur leur banc, et laissèrent tomber leurs rames. Le levanti patron accourait sur eux, et les coups de nerf de bœuf redoublaient. « Arrêtez ! arrêtez ! seigneur, s'écria Candide ; je vous donnerai tant d'argent que vous voudrez. — Quoi ! c'est Candide ! disait l'un des forçats. — Quoi ! c'est Candide ! disait l'autre. — Est-ce un songe ? dit Candide ; veillai-je ? suis-je dans cette galère ? Est-ce là M. le baron, que j'ai tué ? est-ce là maître Pangloss, que j'ai vu pendre ? »

— C'est nous-mêmes, c'est nous-mêmes, répondaient-ils. — Quoi ! c'est là ce grand philosophe ? disait Martin. — Eh ! monsieur le levanti patron, dit Candide, combien voulez-vous d'argent pour la rançon de M. de Thunder-ten-tronckh, un des premiers barons de l'empire, et de M. Pangloss, le plus profond métaphysicien d'Allemagne ? — Chien de chrétien, répondit le levanti patron, puisque ces deux chiens de forçats chrétiens sont des barons et des métaphysiciens, ce qui est sans doute une grande dignité dans leur pays, tu m'en donneras cinquante mille sequins. — Vous les aurez, monsieur ; remenez-moi comme un éclair à Constantinople, et vous serez payé sur-le-champ. Mais non, menez-moi chez Mlle Cunégonde. » Le levanti patron, sur la première offre de Candide, avait déjà tourné la proue vers la ville, et il faisait ramer plus vite qu'un oiseau ne fend les airs.

Candide embrassa cent fois le baron et Pangloss. « Et comment ne vous ai-je pas tué, mon cher baron ? et mon cher Pangloss, comment êtes-vous en vie, après avoir été pendu ? et pourquoi êtes-vous tous deux aux galères en Turquie ? — Est-il bien vrai que ma chère sœur soit dans ce pays ? disait le baron. — Oui, répondait Cacambo. — Je

revois donc mon cher Candide ! » s'écriait Pangloss. Candide leur présentait Martin et Cacambo. Ils s'embrassaient tous ; ils parlaient tous à la fois. La galère volait, ils étaient déjà dans le port. On fit venir un juif, à qui Candide vendit pour cinquante mille sequins un diamant de la valeur de cent mille, et qui lui jura par Abraham qu'il n'en pouvait donner davantage. Il paya incontinent la rançon du baron et de Pangloss. Celui-ci se jeta aux pieds de son libérateur, et les baigna de larmes ; l'autre le remercia par un signe de tête, et lui promit de lui rendre cet argent à la première occasion. « Mais est-il bien possible que ma sœur soit en Turquie ? disait-il. — Rien n'est si possible, reprit Cacambo, puisqu'elle écure la vaisselle chez un prince de Transylvanie. » On fit aussitôt venir deux juifs ; Candide vendit encore des diamants ; et ils repartirent tous dans une autre galère pour aller délivrer Cunégonde.

CHAPITRE XXVIII

CE QUI ARRIVA A CANDIDE, A CUNÉGONDE, A PANGLOSS, A MARTIN, ETC.

« PARDON, encore une fois, dit Candide au baron ; pardon, mon révérend père, de vous avoir donné un grand coup d'épée au travers du corps. — N'en parlons plus, dit le baron ; je fus un peu trop vif, je l'avoue ; mais puisque vous voulez savoir par quel hasard vous m'avez vu aux galères, je vous dirai qu'après avoir été guéri de ma blessure par le frère apothicaire du collège, je fus attaqué et enlevé par un parti espagnol ; on me mit en prison à Buenos-Ayres dans le temps que ma sœur venait d'en partir. Je demandai à retourner à Rome auprès du père général. Je fus nommé pour aller servir d'aumônier à Constantinople auprès de M. l'ambassadeur de France. Il n'y avait pas huit jours que j'étais entré en fonction, quand je trouvai sur le soir un jeune icoglan[1] très bien fait. Il faisait fort chaud : le jeune homme voulut se baigner ; je pris cette occasion de me baigner aussi. Je ne savais pas que ce fût un crime capital pour un chrétien d'être trouvé tout nu avec un jeune

musulman. Un cadi[2] me fit donner cent coups de bâton sous la plante des pieds, et me condamna aux galères. Je ne crois pas qu'on ait fait une plus horrible injustice. Mais je voudrais bien savoir pourquoi ma sœur est dans la cuisine d'un souverain de Transylvanie réfugié chez les Turcs.

— Mais vous, mon cher Pangloss, dit Candide, comment se peut-il que je vous revoie ? — Il est vrai, dit Pangloss, que vous m'avez vu pendre ; je devais naturellement être brûlé ; mais vous vous souvenez qu'il plut à verse lorsqu'on allait me cuire : l'orage fut si violent qu'on désespéra d'allumer le feu ; je fus pendu, parce qu'on ne put mieux faire : un chirurgien acheta mon corps, m'emporta chez lui, et me disséqua. Il me fit d'abord une incision cruciale depuis le nombril jusqu'à la clavicule. On ne pouvait pas avoir été plus mal pendu que je l'avais été. L'exécuteur des hautes œuvres[3] de la sainte inquisition, lequel était sous-diacre, brûlait à la vérité les gens à merveille, mais il n'était pas accoutumé à pendre : la corde était mouillée et glissa mal, elle fut nouée ; enfin je respirais encore : l'incision cruciale me fit jeter un si grand cri, que mon chirurgien tomba à la renverse ; et croyant qu'il disséquait le diable, il s'enfuit en mourant de peur, et tomba encore sur l'escalier en fuyant. Sa femme accourut au bruit, d'un cabinet voisin : elle me vit sur la table étendu avec mon incision cruciale ; elle eut encore plus de peur que son mari, s'enfuit et tomba sur lui. Quand ils furent un peu revenus à eux, j'entendis la chirurgienne qui disait au chirurgien : « Mon bon, de quoi vous avisez-vous aussi de disséquer un hérétique ? Ne savez-vous pas que le diable est toujours dans le corps de ces gens-là ? Je vais vite chercher un prêtre pour l'exorciser. » Je frémis à ce propos, et je ramassai le peu de forces qui me restaient pour crier : « Ayez pitié de moi ! » Enfin le barbier[4] portugais s'enhardit : il recousit ma peau ; sa femme même eut soin de moi ; je fus sur pied au bout de quinze jours. Le barbier me trouva une condition, et me fit laquais d'un chevalier de Malte qui allait à Venise : mais mon maître n'ayant pas de quoi me payer, je me mis au service d'un marchand vénitien, et je le suivis à Constantinople.

« Un jour il me prit fantaisie d'entrer dans une mosquée ; il n'y avait qu'un vieux iman[5] et une jeune dévote très jolie

qui disait ses patenôtres ; sa gorge était toute découverte : elle avait entre ses deux tétons un beau bouquet de tulipes, de roses, d'anémones, de renoncules, d'hyacinthes et d'oreilles d'ours : elle laissa tomber son bouquet ; je le ramassai, et je le lui remis avec un empressement très respectueux. Je fus si longtemps à le lui remettre, que l'iman se mit en colère, et voyant que j'étais chrétien, il cria à l'aide. On me mena chez le cadi, qui me fit donner cent coups de lattes sur la plante des pieds, et m'envoya aux galères. Je fus enchaîné précisément dans la même galère et au même banc que M. le baron. Il y avait dans cette galère quatre jeunes gens de Marseille, cinq prêtres napolitains, et deux moines de Corfou, qui nous dirent que de pareilles aventures arrivaient tous les jours. M. le baron prétendait qu'il avait essuyé une plus grande injustice que moi : je prétendais, moi, qu'il était beaucoup plus permis de remettre un bouquet sur la gorge d'une femme que d'être tout nu avec un icoglan. Nous disputions sans cesse, et nous recevions vingt coups de nerf de bœuf par jour, lorsque l'enchaînement des événements de cet univers vous a conduit dans notre galère, et que vous nous avez rachetés.

— Eh bien ! mon cher Pangloss, lui dit Candide, quand vous avez été pendu, disséqué, roué de coups, et que vous avez ramé aux galères, avez-vous toujours pensé que tout allait le mieux du monde ? — Je suis toujours de mon premier sentiment, répondit Pangloss ; car enfin je suis philosophe ; il ne me convient pas de me dédire, Leibnitz[6] ne pouvant pas avoir tort, et l'harmonie préétablie[7] étant d'ailleurs la plus belle chose du monde, aussi bien que le plein et la matière subtile.»[8]

CHAPITRE XXIX

COMMENT CANDIDE RETROUVA CUNÉGONDE ET LA VIEILLE

PENDANT que Candide, le baron, Pangloss, Martin, et Cacambo contaient leurs aventures, qu'ils raisonnaient sur les événements contingents ou non contingents[1] de cet

univers, qu'ils disputaient sur les effets et les causes, sur le mal moral et sur le mal physique, sur la liberté et la nécessité, sur les consolations que l'on peut éprouver lorsqu'on est aux galères en Turquie,[2] ils abordèrent sur le rivage de la Propontide, à la maison du prince de Transylvanie. Les premiers objets qui se présentèrent furent Cunégonde et la vieille, qui étendaient des serviettes sur des ficelles pour les faire sécher.

Le baron pâlit à cette vue. Le tendre amant Candide, en voyant sa belle Cunégonde rembrunie, les yeux éraillés, la gorge sèche, les joues ridées, les bras rouges et écaillés, recula trois pas, saisi d'horreur, et avança ensuite par bon procédé. Elle embrassa Candide et son frère ; on embrassa la vieille ; Candide les racheta toutes deux.

Il y avait une petite métairie[3] dans le voisinage ; la vieille proposa à Candide de s'en accommoder, en attendant que toute la troupe eût une meilleure destinée. Cunégonde ne savait pas qu'elle était enlaidie, personne ne l'en avait avertie : elle fit souvenir Candide de ses promesses avec un ton si absolu, que le bon Candide n'osa pas la refuser. Il signifia donc au baron qu'il allait se marier avec sa sœur. « Je ne souffrirai jamais, dit le baron, une telle bassesse de sa part, et une telle insolence de la vôtre ; cette infamie ne me sera jamais reprochée : les enfants de ma sœur ne pourraient entrer dans les chapitres[4] d'Allemagne. Non, jamais ma sœur n'épousera qu'un baron de l'empire. » Cunégonde se jeta à ses pieds, et les baigna de larmes ; il fut inflexible. « Maître fou, lui dit Candide, je t'ai réchappé des galères, j'ai payé ta rançon, j'ai payé celle de ta sœur ; elle lavait ici des écuelles, elle est laide, j'ai la bonté d'en faire ma femme, et tu prétends encore t'y opposer ! Je te retuerais si j'en croyais ma colère. — Tu peux me tuer encore, dit le baron, mais tu n'épouseras pas ma sœur de mon vivant. »[5]

CHAPITRE XXX

CONCLUSION

CANDIDE, dans le fond de son cœur, n'avait aucune envie d'épouser Cunégonde ; mais l'impertinence extrême du baron le déterminait à conclure le mariage ; et Cunégonde le pressait si vivement qu'il ne pouvait s'en dédire. Il consulta Pangloss, Martin et le fidèle Cacambo. Pangloss fit un beau mémoire par lequel il prouvait que le baron n'avait nul droit sur sa sœur, et qu'elle pouvait, selon toutes les lois de l'empire, épouser Candide de la main gauche.[1] Martin conclut à jeter le baron dans la mer ; Cacambo décida qu'il fallait le rendre au levanti patron, et le remettre aux galères, après quoi on l'enverrait à Rome au père général par le premier vaisseau. L'avis fut trouvé fort bon ; la vieille l'approuva ; on n'en dit rien à sa sœur ; la chose fut exécutée pour quelque argent, et on eut le plaisir d'attraper un jésuite, et de punir l'orgueil d'un baron allemand.

Il était tout naturel d'imaginer qu'après tant de désastres Candide, marié avec sa maîtresse et vivant avec le philosophe Pangloss, le philosophe Martin, le prudent Cacambo, et la vieille, ayant d'ailleurs rapporté tant de diamants de la patrie des anciens Incas, mènerait la vie du monde la plus agréable ; mais il fut tant friponné par les juifs, qu'il ne lui resta plus rien que sa petite métairie ; sa femme, devenant tous les jours plus laide, devint acariâtre et insupportable : la vieille était infirme, et fut encore de plus mauvaise humeur que Cunégonde. Cacambo, qui travaillait au jardin, et qui allait vendre des légumes à Constantinople, était excédé de travail, et maudissait sa destinée. Pangloss était au désespoir de ne pas briller dans quelque université d'Allemagne. Pour Martin, il était fermement persuadé qu'on est également mal partout ; il prenait les choses en patience. Candide, Martin et Pangloss disputaient quelquefois de métaphysique et de morale. On voyait souvent passer sous les fenêtres de la métairie des bateaux chargés d'effendis,[2] de bachas,[3] de cadis, qu'on envoyait en exil à Lemnos, à Mytilène, à Erzeroum, on voyait venir d'autres cadis, d'autres bachas, d'autres effendis, qui prenaient la place des expulsés, et qui étaient expulsés à leur tour ; on voyait des têtes proprement

empaillécs qu'on allait présenter à la Sublime Porte. Ces spectacles faisaient redoubler les dissertations ; et, quand on ne disputait pas, l'ennui était si excessif que la vieille osa un jour leur dire : « Je voudrais savoir lequel est le pire, ou d'être violée cent fois par des pirates nègres, d'avoir une fesse coupée, de passer par les baguettes chez les Bulgares, d'être fouetté et pendu dans un auto-da-fé, d'être disséqué, de ramer aux galères, d'éprouver enfin toutes les misères par lesquelles nous avons tous passé, ou bien de rester ici à ne rien faire ? — C'est une grande question », dit Candide.

Ce discours fit naître de nouvelles réflexions, et Martin surtout conclut que l'homme était né pour vivre dans les convulsions de l'inquiétude, ou dans la léthargie de l'ennui.[4] Candide n'en convenait pas, mais il n'assurait rien. Pangloss avouait qu'il avait toujours horriblement souffert ; mais ayant soutenu une fois que tout allait à merveille, il le soutenait toujours, et n'en croyait rien.

Une chose acheva de confirmer Martin dans ses détestables principes, de faire hésiter plus que jamais Candide et d'embarrasser Pangloss. C'est qu'ils virent un jour aborder dans leur métairie Paquette et le frère Giroflée, qui étaient dans la plus extrême misère ; ils avaient bien vite mangé leurs trois mille piastres, s'étaient quittés, s'étaient raccommodés, s'étaient brouillés, avaient été mis en prison, s'étaient enfuis, et enfin frère Giroflée s'était fait Turc. Paquette continuait son métier partout, et n'y gagnait plus rien. « Je l'avais bien prévu, dit Martin à Candide, que vos présents seraient bientôt dissipés et ne les rendraient que plus misérables. Vous avez regorgé de millions de piastres, vous et Cacambo, et vous n'êtes pas plus heureux que frère Giroflée et Paquette. — Ah ! ah ! dit Pangloss à Paquette, le ciel vous ramène donc ici parmi nous, ma pauvre enfant ! Savez-vous bien que vous m'avez coûté le bout du nez, un œil et une oreille ? Comme vous voilà faite ! et qu'est-ce que ce monde ? » Cette nouvelle aventure les engagea à philosopher plus que jamais.

Il y avait dans le voisinage un derviche très fameux qui passait pour le meilleur philosophe de la Turquie ; ils allèrent le consulter ; Pangloss porta la parole, et lui dit : « Maître, nous venons vous prier de nous dire pourquoi un aussi étrange animal que l'homme a été formé.

— De quoi te mêles-tu ? dit le derviche ; est-ce là ton affaire ? — Mais, mon révérend père, dit Candide, il y a horriblement de mal sur la terre. — Qu'importe, dit le derviche, qu'il y ait du mal ou du bien ? quand Sa Hautesse envoie un vaisseau en Égypte, s'embarrasse-t-elle si les souris qui sont dans le vaisseau sont à leur aise ou non ?[5] — Que faut-il donc faire ? dit Pangloss. — Te taire, dit le derviche. — Je me flattais, dit Pangloss, de raisonner un peu avec vous des effets et des causes, du meilleur des mondes possibles, de l'origine du mal, de la nature de l'âme, et de l'harmonie préétablie.» Le derviche, à ces mots, leur ferma la porte au nez.[6]

Pendant cette conversation, la nouvelle s'était répandue qu'on venait d'étrangler à Constantinople deux vizirs[7] du banc[8] et le muphti,[9] et qu'on avait empalé plusieurs de leurs amis. Cette catastrophe faisait partout un grand bruit pendant quelques heures. Pangloss, Candide et Martin, en retournant à la petite métairie, rencontrèrent un bon vieillard qui prenait le frais à sa porte sous un berceau d'orangers. Pangloss, qui était aussi curieux que raisonneur, lui demanda comment se nommait le muphti qu'on venait d'étrangler. « Je n'en sais rien, répondit le bonhomme, et je n'ai jamais su le nom d'aucun muphti ni d'aucun vizir. J'ignore absolument l'aventure dont vous me parlez ; je présume qu'en général ceux qui se mêlent des affaires publiques périssent quelquefois misérablement, et qu'ils le méritent; mais je ne m'informe jamais de ce qu'on fait à Constantinople ; je me contente d'y envoyer vendre les fruits du jardin que je cultive.» Ayant dit ces mots, il fit entrer les étrangers dans sa maison ; ses deux filles et ses deux fils leur présentèrent plusieurs sortes de sorbets qu'ils faisaient eux-mêmes, du kaïmak piqué d'écorces de cédrat confit,[10] des oranges, des citrons, des limons, des ananas, des pistaches, du café de Moka qui n'était point mêlé avec le mauvais café de Batavia et des îles.[11] Après quoi les deux filles de ce bon musulman parfumèrent les barbes de Candide, de Pangloss et de Martin.

« Vous devez avoir, dit Candide au Turc, une vaste et magnifique terre ? — Je n'ai que vingt arpents, répondit le Turc ; je les cultive avec mes enfants ; le travail éloigne de nous trois grands maux ; l'ennui, le vice et le besoin.»

Candide en retournant dans sa métairie fit de profondes réflexions sur le discours du Turc. Il dit à Pangloss et à Martin : «Ce bon vieillard me paraît s'être fait un sort bien préférable à celui des six rois avec qui nous avons eu l'honneur de souper. — Les grandeurs, dit Pangloss, sont fort dangereuses, selon le rapport de tous les philosophes ; car enfin Églon, roi des Moabites, fut assassiné par Aod ; Absalon fut pendu par les cheveux et percé de trois dards ; le roi Nadab, fils de Jéroboam, fut tué par Baasa ; le roi Éla, par Zambri ; Ochosias, par Jéhu ; Athalie, par Joïada ; les rois Joachim, Jéchonias, Sédécias,[12] furent esclaves. Vous savez comment périrent Crésus, Astyage, Darius, Denys de Syracuse, Pyrrhus, Persée, Annibal, Jugurtha, Arioviste, César, Pompée, Néron, Othon, Vitellius, Domitien, Richard II d'Angleterre, Édouard II, Henri VI, Richard III, Marie Stuart, Charles Iᵉʳ, les trois Henri de France, l'empereur Henri IV ? Vous savez. . . — Je sais aussi, dit Candide, qu'il faut cultiver notre jardin. — Vous avez raison, dit Pangloss ; car, quand l'homme fut mis dans le jardin d'Éden, il y fut mis *ut operaretur eum*,[13] pour qu'il travaillât ; ce qui prouve que l'homme n'est pas né pour le repos. — Travaillons sans raisonner, dit Martin, c'est le seul moyen de rendre la vie supportable.»

Toute la petite société entra dans ce louable dessein ; chacun se mit à exercer ses talents. La petite terre rapporta beaucoup. Cunégonde était, à la vérité, bien laide ; mais elle devint une excellente pâtissière ; Paquette broda ; la vieille eut soin du linge. Il n'y eut pas jusqu'à frère Giroflée qui ne rendît service ; il fut un très bon menuisier, et même devint honnête homme ; et Pangloss disait quelquefois à Candide : «Tous les événements sont enchaînés dans le meilleur des mondes possibles ; car enfin si vous n'aviez pas été chassé d'un beau château à grands coups de pied dans le derrière pour l'amour de Mlle Cunégonde, si vous n'aviez pas été mis à l'inquisition, si vous n'aviez pas couru l'Amérique à pied, si vous n'aviez pas donné un bon coup d'épée au baron, si vous n'aviez pas perdu tous vos moutons du bon pays d'Eldorado, vous ne mangeriez pas ici des cédrats confits et des pistaches. — Cela est bien dit, répondit Candide, mais il faut cultiver notre jardin.»

TEXTUAL NOTES

TITLE PAGE [reference is to the 1775 title]

1 [L'OPTIMISME]: a recent term in French; only one known example before 1758. The word appears just twice in Candide, in the same paragraph (p. 47).

2 RALPH: a fictitious German doctor (though, incongruously, with an English name, possibly discovered by Voltaire in Samuel Butler's poem *Hudibras*); the inclusion may be intended to heighten the satirical tone surrounding the German doctor Pangloss, the spokesman for Optimism in the *conte*.

3 [MINDEN]: the battle of Minden, in the province of Westphalia, on 1 August 1759, had resulted in defeat for the French army. Historical events after the publication of the original edition of *Candide* had thus lent a further ironic note to Voltaire's choice of the province for his false paradise (p. 1). The subtitle itself parodies a contemporary work: *Lettres de m. le maréchal de Belle-Isle à m. le maréchal de Contades, trouvées parmi les papiers de m. de Contades après la bataille de Minden* (1759): see Pomeau ed., p. 117, n. 3.

CHAPTER I

1 The term *candide* is applied by Voltaire in his correspondence (D 615: 21 May 1733) to an 'honnête et naïf' native of Germany, which aptly sums up our hero's character.

2 The author immediately satirises the German language for what he considers to be its crude and ugly sounds.

3 It is now the turn of German aristocratic snobbishness to be made the subject of mockery. Quarters related to the number of noble ancestors one possessed.

4 Voltaire had already noted the great poverty in Westphalia (at odds with the Baron's pretentiousness) when travelling through the province (D 2382, 4175).

5 Three German princesses of that name are to be found in Voltaire's *Annales de l'Empire*. More pertinently for the story, however, the first syllable conjures up erotic associations which fit well with the heroine's lascivious nature.

6 From the Greek *pan glossa* ('all tongue'): another highly suitable name.

7 A typical thrust at the uselessness of metaphysical systems claiming to explain everything in the universe. The particular target here appears to be Leibniz's disciple Wolff, who had written a work entitled *Cosmologie*, though Voltaire probably also had in mind an *Essai de cosmologie* (1757) by

his enemy Maupertuis. 'Nigologie', reminiscent of *nigaud*, further ridicules this teaching.

8 This is a meaningless tautology and a diluted version of Leibniz's view of 'sufficient reason'.

9 The phrase, used twice in the same sentence, is obviously an allusion to Leibnizian doctrine.

10 Voltaire here attacks the absurdity of the principle of final causes when taken to an exaggerated degree. The underlying implication is that a perfect God would ensure that everything had been designed for a specific end. Whilst the idea of noses for spectacles is plain mockery, Voltaire accepted a more moderate version of the theory, e.g., that legs are made for walking, eyes for seeing. Notice the way Pangloss argues self-evident truths, in a domain where they simply do not exist.

11 Ironic deformation of a term normally used to describe the very popular practice of experimental science, often demonstrated in public lectures.

12 Mischievously satirical use of a key phrase in Leibniz's philosophy.

CHAPTER II

1 Voltaire is rewriting, in parodic mood, the myth of the Fall, whereby Adam is thrust out of Eden by God.

2 The first of many instances in the *conte* where Candide is taken in by an apparent profession of benevolence.

3 Voltaire has in mind the Prussians and their king Frederick the Great. The term 'Bulgares'('bougre' and 'bugger' are cognate words) is probably a sly allusion to Frederick's well-known penchant for homosexuality.

4 Ridicule of the concept of freewill through this derisory example of a total impasse.

5 The ramrod, used for pressing the charge down the muzzle of the fire-arm. This passage is redolent of the military excesses which Voltaire had witnessed from his windows in Potsdam during his stay with Frederick (1750-3).

6 Voltaire had also been the spectator at a bastinado, meted out to a deserter from the Prussian army (Mol. I, pp. 29-30).

7 Satire upon Frederick's enthusiasm for self-publicity.

8 Greek doctor (1st-cent. AD).

9 A race of Mongolian origin; but Voltaire is alluding to the battles of the Seven Years War (1756-63).

CHAPTER III

1 An ironic allusion to Leibniz's theory of pre-established harmony. This passage carries echoes of a letter written to Voltaire describing the battle of Rossbach (November 1757: see H.T. Mason, *Voltaire: A Biography*, pp.

84-5).The paragraph reveals Voltaire's awareness of the horrors committed in the Seven Years War, as his correspondence at this time abundantly shows. War was for the *philosophe* 'un fléau inévitable', art. 'Guerre', *Dictionnaire philosophique*', Mol. XIX, p. 321.

2 cf., ch. I, n. 12.

3 The author points up the absurdity of this heartlessly insensitive practice by attributing a victorious mentality to both camps, totally at variance with the sufferings each side has undergone.

4 Satire upon the notion that there can be regulations governing military conduct in warfare. These principles had been set up by theorists of international law: Grotius, Pufendorf, Barbeyrac.

5 A Protestant minister; Voltaire's disabused experience of Genevan pastors during his stay in that city probably lies behind this shaft.

6 Leibnizian doctrine that all phenomena are of necessity linked to one another. At this stage Candide is still simply reiterating the opinions he has heard from Pangloss.

7 Voltaire admired the Anabaptists because, like Jacques, they were tolerant of other sects and concerned to help those in need around them. In these respects they approach the deist beliefs that Voltaire himself professed: cf., e.g., Mol. XII, pp. 302-3.

CHAPTER IV

1 The first indication that Candide has any doubts about the Optimism which Pangloss has taught him.

2 As usual, Pangloss overlooks the realities, in this instance of killing and destruction, for the purely theoretical satisfaction of knowing that his side got their revenge.

3 cf., ch. I, n. 12.

4 Franciscan monk.

5 A typical genealogy by Pangloss, with overtones of the Bible.

6 It was generally thought at the time that the disease had been introduced into Europe by Spaniards coming back from America: (cf. Mol. XII, p. 383). The very fact of venereal disease is an assault on Optimism, since it would seem that the perpetuation of the human race should logically be encouraged by a benevolent God: cf., e.g., *L'Homme aux quarante écus*, Mol. XXI, pp. 353 ff.

7 In the equation between these marginal pleasures and the price to be paid for them Voltaire gives full rein to Pangloss to develop his ridiculous fantasies.

8 The irony is patent, in regard to the licentious and mercenary soldiery; but also Voltaire cleverly makes them representative of us ('parmi nous'), as compared with the non-Christian nations who 'ne la connaissent pas encore'.

9 This sounds like a statement out of Jean-Jacques Rousseau's *Discours*

sur l'origine de l'inégalité (1755), which Voltaire had read carefully, making annotations in his own copy. But it would be unwise to infer from this that Voltaire, through the saintly Jacques, is taking a Rousseauist line in *Candide*. This is not borne out elsewhere; indeed, Pangloss also cites Rousseau (cf. ch. X, n. 3). As argued in the Introduction, *Candide* is not a philosophical novel.

10 Personal memories by Voltaire underlie this remark: cf., e.g., D 7735, 7 April 1757.

11 A typically satirical reference to Leibnizian Optimism. By applying absurdist logic to the notion that particular evils are part of a general good (therefore the more such evils, the better everything is), Panglossian philosophy is made self-destructive, without the need for a single word of comment from the narrator.

CHAPTER V

1 The famous earthquake of 1 November 1755, which was accompanied by a tidal wave,

2 The upper deck: an archaism.

3 Pangloss is arguing from abstract notions (as the Latin phrase indicates), and in this case a particularly ludicrous one. It is also a good instance of his essential fatalism, subverting all initiative; and it carries irremediable consequences for Jacques.

4 The diverse fates of the four demonstrate that Providence is indifferent to the good and the bad alike.

5 A Leibnizian term, based on the assumption that there is an unchanging law of reason applicable to the whole world. The sailor's response makes brutally clear how much manners and passions belie this comfortable theory.

6 Capital of the Dutch East Indies, on the island of Java, now Jakarta.

7 After 1638 Japan closed its ports to foreigners, as part of its opposition to the Christian missions established there. Only the Netherlands were, exceptionally, permitted to go on trading. But Voltaire's claim that the Dutch were obliged in return to tread the Cross underfoot (see also the *Essai sur les moeurs*: Mol. XIII, p. 171) was incorrect; only the Japanese were so required: see Morize ed., p. 33, n. 1.

8 It is noteworthy that Candide is in such a desperate state as actually to address his revered tutor in the 'tu' form.

9 One of the theories current at this time. It is to be found in the *Mémoire sur les tremblements de terre* (1756) by Elie Bertrand, the Swiss pastor with whom Voltaire corresponded at length about earthquakes.

10 Only when Candide actually faints does Pangloss stop his philosophising and begin to help him. Once more, holding forth on purely abstract grounds comes more readily to the Westphalian philosopher than attending to realities.

11 This sentence uses 'car' three times, an apparently logical form of

argument which in fact is riddled with vacuous fallacies. Here again the foolish assumptions are allied to a total heartlessness. Voltaire had already castigated such complacent thinkers in the *Poème sur le désastre de Lisbonne* (1756): 'Tranquilles spectateurs, intrépides esprits,/ De vos frères mourants contemplant les naufrages,/ Vous recherchez en paix les causes des orages'(Mol. IX, pp. 470-1). In an earlier version of the poem, Voltaire had been even more trenchant: 'Raisonneurs sans pitié, faibles et durs esprits'.

12 Inquisition police officer. These sinister figures had already made an appearance in Voltaire's sharply satirical *conte Scarmentado* (1756).

13 The doctrine of Optimism, by appearing to do away with the concept of Original Sin, was heretical to the Christian faith, a point that Voltaire had made in the *Préface* to the *Poème sur Lisbonne*: 'Si tout est bien [...] il est donc faux que la nature humaine soit déchue [...] elle n'a donc pas eu besoin de rédempteur'(Mol. IX, p. 467).

14 Pangloss attempts vainly to reconcile freewill and determinism. Voltaire characteristically undermines the demonstration by interrupting it in full flow.

15 An armed servant: an archaism.

CHAPTER VI

1 Voltaire gives the date of this auto-da-fé as 20 June 1756; but this appears to be inaccurate and in fact no auto-da-fé was held in connection with the earthquake, though three are recorded as having taken place in 1756-8 (cf. Pomeau ed., p. 138, n. 1). Here as elsewhere Voltaire, while being historically incorrect, is conveying an essential truth about this particular atrocity.

2 On the absurd horror of this episode and the way that Voltaire has constructed it, see the Introduction , pp.xxviii-xxx.

3 An ecclesiastical interdiction rather than a civil crime; but in the eyes of the Inquisition the distinction is irrelevant.

4 Jews, who had removed the rashers of bacon covering the chicken, as food forbidden by Judaic dietary laws.

5 A short cloak.

6 Organ music, playing a *miserere*; cf. also ch. VIII , n .5.

7 A further seismic shock occurred on 21 December 1755.

CHAPTER VII

1 Parodic treatment of a classic recognition scene: cf. Introduction, p. xxviii.

CHAPTER VIII

1 Cunégonde's account of the destruction of the Westphalian château differs considerably from that of Pangloss (ch. IV) and of the young baron (ch. XV). Voltaire is not concerned with providing a narration of total consistency.

2 Cunégonde's unsentimental observation testifies to her remarkable powers of resilience.

3 Cunégonde's claim that she has resisted the advances of both her would-be lovers is evidently not believed by La Vieille (cf. ch. XIII, n. 4).

4 The auto-da-fé is all the more dreadful for having a secondary, hidden motive of sexual jealousy, as too for the revelation a little later that it is devised as an entertainment, with 'rafraîchissements' for the ladies.

5 cf. ch. VI, n. 6.

6 Despite the experiences that she has undergone, Cunégonde has lost none of her zest for life; her sexual interest in Candide is undiminished, and she still has 'grand appétit' for her supper.

CHAPTER IX

1 The distinction between the reflective Candide who has just been naïvely seeking advice and the resourceful Candide who despatches two men (one of them apparently unarmed) with expeditious efficiency is piquant.

2 Ancient Portuguese currency.

3 An old Spanish society, charged with keeping the peace.

4 A mountain range in southern Spain; the town of Avacéna has not been identified.

CHAPTER X

1 Spanish currency.

2 This is the second misdeed ascribed to the *cordeliers*: cf. ch. IV, n. 4.

3 Candide's ingenuous belief in the utopian socialism of Pangloss comes out here. Voltaire had objected to Rousseau's statement to this effect in the *Discours sur l'inégalité* (*Oeuvres complètes* [Pléiade, Paris, 1964] III, p. 164), adding in the margin:' Quoi! celui qui a planté, semé et enclos n'a pas droit au fruit de ses peines! [...] Voilà la philosophie d'un gueux qui voudrait que les riches fussent volés par les pauvres' ibid., p. 1339, n. 1.

4 A Spanish coin of little value.

5 An improbable journey: Lucena is far off the direct road from Lisbon to Cadiz, Chillas is just outside Lisbon, Lebrixa is near Cadiz. The fantastic aspect of this mode of travel is heightened by La Vieille who, equipped with only one buttock, is riding pillion behind Cunégonde over this great distance!.

6 Cadiz was the centre of international trade with Spanish America. Voltaire himself had invested in such ships (cf., e.g., D 6676, 7433).

7 The Jesuits in this area of Paraguay had revolted against the agreement by the Spanish government to hand over the territory to Portugal. Candide, a well-trained soldier thanks to his time in the Bulgare army, is about to become an officer commanding Spanish troops that are being sent to put down the uprising.

CHAPTER XI

1 As Voltaire's humorous footnote makes clear, he is enjoying this satirical fantasy on the pope that never was, but the note appears only in posthumous editions of *Candide*.

2 Italian principality, near Rome.

3 For Voltaire this 1st-century statue, now housed in Florence, was the very symbol of feminine beauty.

4 An anticlimactic note, indicating Voltaire's dislike of such heightened style.

5 Italian duchy, in Tuscany.

6 Tournaments.

7 Voltaire did not care greatly for the sonnet form, associating it with Italy and mediocre poetry (cf. Mol. XXV, p.189).

8 A fashionable drink at the time; Pococurante will offer it to his visitors (ch. XXV).

9 A typically deflating remark; we are not permitted to dwell upon La Vieille's problems or feel sorry for her.

10 Italian port, north of Naples.

11 A Moroccan centre of piracy, which was a common peril for travellers in the Mediterranean at that time.

12 'At the point of death': in their cowardice, they are comparable to Papal soldiers.

13 A religious order which, from its base in Malta ever since the 16th century, had defended Christianity against Islam; these Christians are, like the Papal troops, subjected to a sceptical view.

14 cf. ch. III, n. 4.

15 A Moroccan emperor (1646-1727), at whose death two sons (Voltaire's *cinquante* is an obvious exaggeration) had carried on a lengthy struggle for the throne.

16 Voltaire ironically highlights the distinction between murderous conduct and strict religious observance.

17 'Oh what misfortune to be without testicles!' This plangent cry evidently appealed to Samuel Beckett, who used it a number of times: see J.Fletcher, *The Novels of Samuel Beckett* (London, 1964) p. 20.

CHAPTER XII

1 A marvellous touch of irony here, since it is the Italian's strange lament over his missing testicles that alerts La Vieille to the presence of a compatriot.

2 Voltaire's dislike of the practice of castrating young choirboys in Italy to preserve their high voices emerges again in ch. XXV: cf. n. 2 on that chapter.

3 Carlo Broschi (1705-82), the celebrated singer Farinelli, who held an

influential position at the Spanish court, is probably in Voltaire's mind here: cf. Morize ed., p. 65, n. 2.

4 This is a reference to negotiations by various European leaders with Muley Ismael in 1703 during the War of Spanish Succession: see *Le Siècle de Louis XIV*, ch. 18.

5 Algerian governmental leader.

6 Turkish infantrymen, who were led by an *aga*.

7 Tsar Peter I had captured Azov from the Turks in 1696. As one can see, this is placed after the episode concerning the king of Morocco (cf. n. 4), which took place 7 years later: another example of Voltaire using historical facts but arranging their chronology to suit his story.

8 Islands in the Azov sea.

9 Muslim priest.

10 The author refers to this curious practice in the *Questions sur l'Encyclopédie*, art. 'Anthropophages', citing Saint Jerome as his source: see Morize ed., p. 68, n. 2.

11 Russian nobleman.

12 Reference to a revolt against the Tsar Peter I in 1698.

13 cf. Introduction, p. xvi.

14 The English were thought in the 18th century to be the leading suicidal nation; Voltaire attributed it to the effects of the east wind (G. Lanson ed., *Lettres philosophiques* [Didier, Paris, 1964] II, p. 261).

15 There appears to be no clear evidence as to why Voltaire included the Genevans; perhaps it was just a gratuitous bit of revenge for the way he had become disenchanted with the Genevan pastors. See G. Gargett, *Voltaire and Protestantism, Studies on Voltaire* 188 (1980), esp. pp. 228-32.

16 Author (1672-1733) of a defence of suicide, who eventually drowned himself.

CHAPTER XIII

1 This obvious caricature of a Spanish name goes well with its holder's arrogance.

2 Biblical reference to Abraham's lying refusal to acknowledge Sarah as his wife (Genesis XII, 11-20).

3 The brief interval that Cunégonde requests for making up her mind ominously suggests that she is well on her way to accepting the Spanish nobleman's offer.

4 cf. ch. VIII, n. 3.

5 Spanish judge.

6 Spanish policemen.

CHAPTER XIV

1 A province in what is today Argentina.

2 Voltaire had been preparing his documentation on Paraguay for the *Essai sur les moeurs* in January 1758 (cf., e.g., D 7559).

3 A kitchen porter.

4 The use of the word 'royaume' suggests the virtually independent status of the ruling Jesuits who 'étaient rois en effet' (*Essai sur les moeurs*, ch. 154).

5 Voltaire's doubts here about the reported 'socialism' of the Jesuit establishment in Paraguay are patent. The picture that is built up during the chapter is one of autocratic power and privilege, the more incongruous because this is a Christian colony.

6 The same paradox is noted in the *Essai sur les moeurs*, ch. 154.

7 A short pike.

8 Head of a Jesuit community.

9 According to the *Essai sur les moeurs* (ch. 154), Spanish visitors could not stay more than three *days*; this transposition heightens the general impression of lordly isolation from Europe.

10 Another parodic recognition scene, where the joyousness of the encounter is shown to be totally superficial as soon as it comes up against the Baron's snobbishness.

11 Ignatius de Loyola (1491-1556), founder of the Jesuit Order.

CHAPTER XV

1 Rector of Colmar when Voltaire was staying there in 1754, who gave him much trouble at that time. Voltaire retained a grudge against him for many years: see Morize ed., p. 87, n. 1.

2 Head of the Jesuit Order.

3 The Rousseauist socialism of Pangloss is once more referred to: cf. ch. X, n. 3.

CHAPTER XVI

1 The Jesuit periodical which, during the 1750s, had waged an offensive against the *philosophes* and the *Encyclopédie*: a nice satirical dig, as though Candide could utter this observation in the same breath as his remorse at murdering the Baron and above all his despair at being now forever precluded from seeing Cunégonde.

2 An excellent demonstration of the survivor instinct, so in keeping with La Vieille's philosophy. While still maintaining that he could not possibly take food, Candide unconsciously follows the infectious example set by Cacambo.

3 Aristocrats: how Candide can divine such noble status from their naked state is of course quite unclear.

4 Voltaire would have known of works like Banier's *La Mythologie et les fables* (1740), which mentions couplings producing strange creatures like fauns and satyrs. It is also worth noting that the Oreillons girls offer the only

example of a happy sexual relationship in the whole tale.

5 A South American Indian tribe.

6 This phrase won such popularity by its comic incisiveness that, according to the duc de La Vallière, it went the rounds of Paris soon after the publication of *Candide* (D 8072).

7 Voltaire is indulging his sceptical view of the Rousseauist doctrine that human beings in the natural state are free of evil.

8 Much worried as to how to integrate the practice of cannibalism into a universal moral law, the author ascribes it to a food necessity, considering the abandonment of corpses on the battlefield to be more barbaric because gratuitous: cf. art.'Anthropophages', *Dictionnaire philosophique*, Mol. XVII, p. 263.

9 cf. ch. III, n. 4.

10 Candide's reasoning still smacks of much Panglossian complacency.

CHAPTER XVII

1 A fabled place in South America, between the Orinoko and the Amazon, sought after keenly by Spanish settlers since the 15th century. The sources of Voltaire's description of Eldorado are set out in Morize ed., pp. 103 ff.

2 Capital of French Guiana.

3 Voltaire doubtless had llamas in mind.

4 These guests are people who work for their living, not leisured aristocrats.

CHAPTER XVIII

1 Voltaire would write an essay entitled *Le Philosophe ignorant* (1766). It starts from the position that man is ignorant about almost every metaphysical question, but that knowledge on these matters is not essential to our way of life. What counts is that human beings share the same basic idea of justice, without which society could not exist. The Eldoradans have no problems on this score.

2 The author often uses the trope of a wise old man, such as the fine English Quaker in the first *Lettre philosophique*, who had, like the aged Eldoradan, retired from work.

3 Sir Walter Raleigh had been one of the searchers for Eldorado in 1595.

4 When, in that event, do Eldoradans sleep? Or is this perhaps, as R. Pomeau suggests (ed., p. 188, n. 5), just a figure of speech? Whatever the case, this picture of continuous worship of God, day after day, adds to the sense of fantasy surrounding Eldorado.

5 Voltaire's essential deism comes through clearly here, as does his implicit dislike of the Christian doctrine of the Trinity.

6 This complements n. 5; the proper attitude to God is not to make constant demands but rather to express gratitude for the good things of life and adoration of the wonders of Nature.

7 This anti-monastic stance scarcely requires comment. Eldorado, of course, is devoid not only of monks but of every kind of priest as well.

8 Eldoradan society is not a communist utopia, nor is it a republic, as we shall shortly see. It is essentially an enlightened monarchy based, so far as we can tell, upon constitutional consent.

9 Very possibly a recollection of *Gulliver's Travels* (which Voltaire had read when it appeared, during his stay in England), where Gulliver has to lick the dust when he arrives at the court of Luggnagg (Bk. II).

10 Amongst other fine features, Eldorado possesses a beautifully laid-out capital. Voltaire decried the unhygienic state of Paris, as ch. XXII will show.

11 The parlements, of which the Parlement de Paris was the most important, were law-courts.

12 Science plays its part in this utopia, as does engineering, with the machine to airlift Candide and Cacambo out of the country. In contrast, Voltaire satirises the sterile debates of the Académie de Bordeaux (ch. XXII).

13 Surely a dig at less witty monarchs? Voltaire may have had the dull-spoken Louis XV in mind, but also perhaps Frederick the Great, to whom other oblique references are made in the *conte*.

14 Advice which Candide will at last take - but not here, when the lure of Cunégonde and the prospect of immense wealth in the real world still appeal.

15 Yet Eldoradans do not have the right to depart, 'du consentement de la nation'. Can a nation bind all subsequent generations in this way? Or is there regular renewal of this law? As with the precise form of government, Voltaire is not interested in going into specific detail.

16 This is, then, an English colony? Most probably Voltaire has in mind Pennsylvania, whose praises he often sings, from the *Lettres philosophiques* onwards: cf. W.H. Barber, 'L'Angleterre dans *Candide*', *Revue de littérature comparée* 37(1963), pp. 202-15.

CHAPTER XIX

1 Formerly Dutch Guiana, now Suriname.

2 The punishment of colonial slaves had already been denounced by Prévost and Montesquieu. Voltaire's attention was particularly seized by his reading, in October 1758, Helvétius' *De l'esprit*, which denounces the slave trade and the inhuman relationship between it and sugar: 'On conviendra qu'il n'arrive point de barrique de sucre en Europe qui ne soit teinte de sang humain'(p. 25).

3 It has been pointed out that Candide, whose native language is German (ch. XIV), is able as here to speak Dutch, converse with La Vieille (in Italian?), the Governor of Buenos Aires (Spanish), the English in Portsmouth, the French, the Venetians and even the Turks; only the native languages of the Oreillons and Eldorado (Peruvian!) defeat him (Pomeau ed., p. 195, n. 3).

All this serves only to enhance the fantasy quality of the *conte*.

4 The Code Noir for slaves prescribed two cloth shirts per year. An arm was amputated to save its owner's life if caught in the mill, and an attempted escape was punished by cutting the slave's hamstrings.

5 This evocative sentence, one of the most often quoted from *Candide*, manifestly owes its source to Helvétius (cf. n. 2).

6 These two instances are the only times that the word 'optimisme' is mentioned in the story (apart from the sub-title); the original manuscript (cf. n. 7) does not include it at all in the narrative.

7 The whole of the second and third paragraphs of this chapter are missing from the La Vallière manuscript, the only manuscript version of *Candide* extant, which probably dates from October 1758 (cf. Pomeau ed., pp. 46-7). As n. 2 shows, the black slave episode is a late interpolation, apparently due to the influence of Helvétius' work.

8 i.e., a republic.

9 Voltaire had developed a strong dislike for the Dutch booksellers/printers in general; this riposte probably refers in particular to Van Duren, vilified in all probability under the name of the wicked Vanderdendur.

10 A disciple of Lelio Sozzini (1525-62) and his nephew Fausto Sozzini (1539-1604). Socinianism rejected the divinity of Christ (thereby denying the Trinity) and the eternity of Hell. It was therefore treated as heretical in many countries during the 18th century. Voltaire had already demonstrated his sympathy for the Socinian doctrine in his *Lettres philosophiques*, VII.

CHAPTER XX

1 According to the Manichean doctrine (a Christian heresy dating back to its 3rd-century founder Manes), the universe is the work of two co-eternal deities, one good, one evil; the latter has created our own world. This theory absolves God of the responsibility for evil here on earth, but at the expense of compromising His omnipotence. Voltaire was much fascinated by Manicheism, which he had learned about in particular from Pierre Bayle's *Dictionnaire historique et critique* (1697), but he ultimately rejected it because of its profound pessimism and also because, in his view, a constant struggle between the forces of good and evil could only have led to chaos rather than the ordered world according to Newtonian law that he saw around him: cf. H.T. Mason, 'Voltaire and Manichean dualism', *Studies on Voltaire* XXVI (1963), pp. 1143-60.

2 A parodic allusion to the Biblical parable of the lost sheep (Matthew XVIII, 13-14)

CHAPTER XXI

1 The most famous fair of that time in Paris (3 February - 3 April), situated near the abbey of Saint-Germain.

2 Voltaire gives vent here to his dislike of hack writers, religious sectarians and, finally, the Jansenist zealots who had fallen into convulsions at the tomb of the deacon Pâris, a Jansenist priest, in the cemetery of Saint-Médard in Paris around 1730, causing great perturbation. Such religious zeal filled Voltaire with horror at what he considered to be superstitious fanaticism.

3 Voltaire's ambivalent attitudes towards the French capital have been explored in depth by J.M.Fahmy, *Voltaire et Paris, Studies on Voltaire* 195 (1981).

4 The *philosophe* consistently rejected this theory, held by Buffon amongst others, in part because he feared that it would confirm the legend of the Flood: cf. Morize ed., p. 143, n. 1.

5 Probably the Président de Brosses' *Histoire des navigations*, which Voltaire had been reading in 1758: cf. Pomeau ed., p. 206, n. 3.

6 Voltaire was hostile to the idea that a species could change or evolve: see H. Coulet, 'Voltaire et le problème du changement', *Studies on Voltaire* 152(1976), pp. 515-26.

CHAPTER XXII

1 This chapter is remarkable for a number of reasons. It is by far the longest, nearly double the nearest to it in length. This is mainly the consequence of a large addition made by Voltaire in 1761, which extends to more than half the chapter (cf. nn. 9, 24). That section increases very considerably the satirical tone in Voltaire's treatment of Paris and of certain enemies, while permitting him to defend his tragedy *Tancrède* (1760) against the critics. The portrait painted of Paris is of an odious, rascally, boring place, and also one where Candide is unfaithful to Cunégonde for the first and only time (unless he had, which seems unlikely, succumbed to the Oreillons girls when they were offered to him, ch. XVI): cf. again Fahmy (ch. XXI, n. 3).

2 Allusion to a mathematical formula in Maupertuis' *Essai de cosmologie*(1751), which claimed to represent the laws of Creation. It was Voltaire's quarrel with Maupertuis in Berlin that had led to the *philosophe*'s departure from Frederick's court in 1753. But Voltaire was also opposed to what he considered to be the sterile debates of the French Academies – even though he was himself an associate member of a number of them, including Bordeaux.

3 cf. ch. XVIII, n. 10. The faubourg Saint-Marceau was situated in the southern approaches to Paris.

4 The ironic paradox expresses the author's scepticism about the medical profession, which was widely shared in the 17th and 18th centuries, as Molière's *Le Malade imaginaire* and Lesage's *Gil Blas* make clear.

5 Voltaire is referring to a *billet de confession* (via an ironic reference to an ordinary *billet*, which was the 18th-century version of a cheque); this was refused to Jansenists after 1750. Those without the *billet* were not entitled to the last sacraments and therefore to a burial in holy ground, an inhuman

practice which caused much agitation and which Voltaire found abhorrent (cf. *Précis de Louis XV*, ch. XXXVI). To the end of his life Voltaire remained anxious that he too would not receive a decent burial.

6 Voltaire is regularly contemptuous of such *abbés*, social butterflies and wholly immoral. Criticisms of the abuses committed by the *abbés mondains* were widespread in the 18th century.

7 Voltaire's tragedy *L'Orphelin de la Chine*(1755).

8 A doctrine championed by Descartes and refuted by Locke, who held that all our ideas are the result of our sense-experiences; Voltaire endorsed Locke's view: see *Lettres philosophiques*, XIII.

9 The 1761 addition begins here.

10 Thomas Corneille's *Le Comte d'Essex* (1678).

11 Actors were excommunicated and therefore deemed unfit to be given the last rites unless they had recanted previously. Voltaire was scandalised at the treatment meted out in particular to Adrienne Lecouvreur, a leading actress and close friend, who had died suddenly in 1730 and was buried in unconsecrated ground, as stated here (the rue de Bourgogne is a street in the seventh arrondissement). She had played the role of Monime in Racine's *Mithridate*: cf. n. 5, and also the *Lettres philosophiques*, XXIII.

12 Voltaire's *Tancrède*(1760), to which, as will be seen, the author was strongly attached.

13 Elie-Catherine Fréron (1718-76), a well-known journalist who was an avowed enemy of Voltaire and the *philosophes* in general from 1756 on, especially in his journal the *Année littéraire*. Voltaire riposted on numerous occasions, most notably perhaps through the satirical character Frelon in *L'Ecossaise* (1760). 'Folliculaire' was, as the context implies, a pejorative term, recently coined, to designate a hack writer.

14 Mlle Clairon (1723-1803); this well-known actress had played in several tragedies by Voltaire since 1750, achieving a particular success in *Tancrède*.

15 A game similar to baccarat, with a banker playing against the *pontes* (the other players); *parolis*: double bets; *le sept-et-le-va*: a markedly heavy wager, the addition *de campagne* an indication of the cheating practice of bending the corner of the card.

16 Rounds or hands.

17 The abbé Gauchat (1709-74) had attacked Voltaire in his 12-volume *Lettres critiques* (1755-63).

18 Trublet, archdeacon of St-Malo, editor of the *Journal chrétien* and another enemy of Voltaire.

19 This paragraph constitutes a sort of reply to the attacks that had been made on *Tancrède*.

20 Jesuits, after the name of Molina, a 16th-century Spanish Jesuit whose views on divine grace and freewill had been adopted by the Order.

21 The parlements, Jansenist in outlook, were involved in religious quarrels throughout the century.

22 A direct reference to Leibniz's theories about the existence of evil in the *Theodicy*, ed. Farrer, pp. 130, 217.

23 Martin appositely points out the danger of Candide's views, derived from Pangloss, in removing all moral responsibility from human beings.

24 Conclusion of the 1761 addition.

25 The Latin name for the *pays d'Artois*, birthplace of Robert-François Damiens in 1715. Damiens' attempted assassination of Louis XV in 1757 brought him condign punishment, as he was executed only after suffering the most appalling tortures. Voltaire is repeating the common rumour of the time that Damiens had been incited to act by fanatical talk current amongst certain priests and parlementaires.

26 Ravaillac had assassinated Henri IV in that year.

27 Jean Châtel had made an attempt upon Henri IV's life in 1594.

28 Chief of police in Italy.

CHAPTER XXIII

1 In referring to the Seven Years War fighting in Canada, Voltaire makes evident his contempt for what he sees as a prodigally futile enterprise, in view of the economic poverty of these frontier regions between the French and British colonies.

2 The execution of Admiral John Byng on 14 March 1757 for insufficiently prosecuting the battle of Minorca against the French in the previous year had gone ahead despite efforts by Voltaire and others to save his life: cf. A.M. Rousseau, *L'Angleterre et Voltaire*, *Studies on Voltaire* 145 (1976), pp. 219-31. The *philosophe* took his revenge by coining the acid remark 'pour encourager les autres', which remains to this day a stock phrase in French.

CHAPTER XXIV

1 i.e., the latest fashion.

2 The renowned carnival in Venice, which lasted from Epiphany to Lent. Christiane Mervaud has demonstrated the structural irony in the Venetian section of *Candide*, the carnival serving as a metaphor for the masquerade of life and history: art. cit, Notes to Introduction, n.14.

3 Member of an order of mendicant monks.

4 cf. ch. IV, n. 4; this is the same *cordelier*.

5 A prostitute would not of course be buried in consecrated ground; her corpse would simply have been thrown out onto the refuse-heap.

6 i.e., Muslim.

7 Voltaire adds further to the attack upon monasticism: cf. ch. XVIII, n. 7.

8 i.e., 'little caring': a fitting title for the Venetian senator, who is filled with apathy and boredom, as we are about to discover.

9 The river which runs from Padua to the Venice lagoon.

CHAPTER XXV

1 For his part, Voltaire considered Raphael (1483-1520) to be amongst the greatest painters: cf., e.g., the 'chaste et noble pinceau de Raphaël' (D 517).

2 cf. ch. XII, n. 2.

3 Voltaire's admiration for Homer contains, however, the criticisms made by Pococurante: see M. Mat-Hasquin, *Voltaire et l'antiquité grecque*, *Studies on Voltaire* 197 (1981), esp. pp. 105 ff.

4 As with Homer, Voltaire's criticisms of Virgil resemble Pococurante's but have to be seen within a generally admiring context: cf., e.g., his *Essai sur la poésie épique*, Mol. VIII, pp. 320-5.

5 Voltaire considered the Italian poet Tasso (1544-95) to be a greater epic writer than Homer: cf. Mol. XII, p. 247.

6 Another Italian poet (1474-1533) of whom Voltaire held a high opinion: cf. Mol. XII, p. 247.

7 Voltaire shared the Venetian's respectful view of Horace's maxims: cf., e.g., *Epître à Horace*, Mol. X, pp. 445-6.

8 *Satire* I, 5.

9 *Satire* II, 8.

10 *Satire* I, 7. In these remarks on the *Satires* Voltaire's details diverge somewhat from the original text.

11 *Epodes* V, VIII, XII; Voltaire too reproached Horace for his indecencies: cf. art. 'Langues', *Dictionnaire philosophique*, Mol. XIX, p. 557.

12 *Carminum*, I, 1, vv. 35-6.

13 Two of Cicero's *Orations*; Voltaire is much more admiring of the Roman, precisely because he doubted (D 9126).

14 cf. ch. XXII, n. 2.

15 1st-century Roman philosopher.

16 Member of the Dominican Order, which played an important role in the Inquisition.

17 Compare similar views on the English 'esprit de parti' in the *Précis du siècle de Louis XV*, ch. 8.

18 Voltaire was consistently severe in his comments upon Milton (1608-74) whose *Paradise Lost* in twelve volumes Pococurante, incidentally, reduces to ten: cf. *Essai sur la poésie épique*, Mol. VIII, pp. 352-60.

19 An ironic indication of Voltaire's contempt for German poetry; Voltaire may well have had in mind a particular enemy, Albrecht von Haller: cf. Pomeau ed., p. 236, n. 13.

20 Condensation of a passage from Plato's *Republic*, which Voltaire had copied into his Notebooks (ed. T. Besterman [Geneva, 1968] p. 594).

CHAPTER XXVI

1 Christiane Mervaud (art. cit., Notes to Introduction, n. 14) stresses the total rejection of political authority that underlies the incongruous portrayal of these pathetic failed kings.

2 Ottoman Sultan (1673-1736) who, after succeeding his brother in 1703, was deposed by a revolt in 1730 and replaced by his nephew Mahmoud I.

3 Ivan VI (1740-64), deposed while still an infant by Peter the Great's daughter Elizabeth. He subsequently passed the rest of his short life in prison and was eventually to be strangled, on the orders of Catherine the Great, several years after the composition of this chapter.

4 The Young Pretender, Bonnie Prince Charlie (1720-88), whose attempt to regain the English Crown ended in defeat at Culloden (1746).

5 The Old Pretender, James (1688-1766), proclaimed by the French as James III of England but excluded from the English throne by the Act of Settlement (1701).

6 James II (1633-1701), dethroned by William of Orange (subsequently William III) in the Glorious Revolution of 1688.

7 Augustus III, Elector of Saxony and King of Poland (1696-1763), who lost Saxony in 1756 to Frederick the Great.

8 Augustus II, King of Poland (1670-1733), driven from Poland by Charles XII of Sweden in 1703 (but restored to the throne in 1709).

9 Stanislas I (1677-1766), the father of Marie Leczinska, Louis XV's wife, who held the throne 1704-9 and was then driven into exile. On the death of Augustus II in 1733 he briefly regained the Crown but was then forced out by Augustus III in 1734. However, he obtained in exchange the duchy of Lorraine and as Duke welcomed Voltaire to his court at Lunéville on a number of occasions, the last of which being in 1749 when Madame du Châtelet, Voltaire's companion and former mistress, died there.

10 Poles.

11 Baron von Neuhoff (1670-1756), proclaimed King of Corsica in a revolt against the Genoese rulers in 1736 but later coerced into abandoning the throne. As a refugee in London he was sent to prison for his debts.

12 A gold coin.

CHAPTER XXVII

1 The Sea of Marmora.

2 Prince of Transylvania (1676-1735), then a refugee in Turkey: see the *Siècle de Louis XIV*, Mol.XIV, p. 399.

3 The Ottoman Emperor.

4 Candide's besotted admiration for Pangloss has even at this late stage remained essentially untouched by all the reasons he had discovered for modifying it.

5 Commander of the levantis (galley soldiers).

6 Another absurd recognition scene, heightened by Candide's use of such banally threadbare dialogue.

CHAPTER XXVIII

1 A page of the Sultan.

2 Moslem judge.

3 The public executioner.

4 Barbers also practised surgery, as did perhaps the most famous of them, Figaro (Beaumarchais' *Le Barbier de Séville* [1775] and *Le Mariage de Figaro* [1784]).

5 Moslem minister.

6 This is the only explicit mention of Leibniz in the whole *conte*. It is interesting to see the way that Voltaire links the German philosopher with total fatalism; Pangloss, by his own logic, cannot change, despite all the atrocities he has undergone.

7 One of the best-known of Leibnizian theories, whereby body and soul acted in a harmony predetermined by God.

8 These are concepts of the physical world taken from Descartes, which Voltaire had long considered false as Newton had effectively refuted them. The 'plein' (plenum) referred to the cosmos 'full' of matter (as contrasted with Newton's concept of the void), where 'matière subtile' moved in circular motions ('tourbillons').

CHAPTER XXIX

1 A traditional distinction in logic, whereby events are either contingent (may happen) or necessary (must happen). Voltaire's indifference towards this and the other metaphysical problems that follow in the list is sufficiently shown by the fact that he offers the reader no details whatsoever of the debates.

2 This anti-climactic conclusion to the weighty philosophic topics serves further to undercut their supposed importance.

3 A smallholding.

4 Assemblies of the nobility.

5 This absurd colloquy on 're-killing' the Baron acts as a satirical counterpoint to the latter's snobbishness which borders on lunacy, given their situation and all that they have suffered.

CHAPTER XXX

1 A morganatic marriage, where the aristocrat bestowed no advantages of rank upon his wife or children.

2 Turkish civil authorities.

3 Provincial governors.

4 The threat of boredom to human happiness, already illustrated vividly by the portrait of Pococurante, is now explicitly alluded to.

5 This allegory appears to sum up Voltaire's opinion on Providence. It is general, caring nought for individual mortals, who are of utterly petty significance in the overall economy of the universe. Even so, there *is* a Prime Mover ('Sa Hautesse'), who undertakes a meaningful action in sending his ship to a prearranged destination. Voltaire had expressed the same point of view, with the same metaphor of the human race as mice, in a letter to Frederick in 1736 (D 1139).

6 The dervish echoes Voltaire's view that metaphysical speculation is a futile exercise for human beings, who can never know about final causes. Voltaire's reference to him as 'le meilleur philosophe de la Turquie' would therefore seem to be non-ironic.

7 Turkish ministers.

8 The Turkish Court.

9 Moslem religious leader.

10 Cedar- flavoured sherbet.

11 The West Indies.

12 A string of Old Testament characters. Whilst Pangloss is wrong about Optimism, the whole of this enumeration shows that he is a remarkably erudite person. For a full note on the people listed here, cf. Pomeau ed., p. 259, n. 9.

13 'And the Lord took the man, and put him into the garden of Eden to dress it and to keep it' (Genesis II, 15: my underlining).